Michaela Mundt
Kennen Sie Ihre Pappenheimer?

Michaela Mundt

Kennen Sie Ihre Pappenheimer?

Ein humorvoller Blick auf deutsche Redensarten

Bibliografische Information der Deutschen Nationalbibliothek:
Die Deutsche Nationalbibliothek verzeichnet diese Publikation in
der Deutschen Nationalbibliografie; detaillierte bibliografische
Daten sind im Internet über http://dnb.dnb.de abrufbar.

© 2019 Michaela Mundt (Text und Illustrationen)
www.dr-michaela-mundt.de

Lektorat: Friederike Braun und Elmar Spanehl
Covergestaltung: Svenja Bhalla und Michaela Mundt

Herstellung und Verlag: BoD – Books on Demand, Norderstedt

ISBN: 978-3-7494-7002-0

Für Elmar,

der mich seit 2008 zu diesem Buch ermutigt hat.

Inhalt

Appetithäppchen 9

Intro...9

Ehrlich gesagt ... .10

Glückssachen 15

Genug Kleingeld dabei? 17

Goldrichtig..19

Da klappert's im Handwerk 21

Einfach mal blau machen 23

Körpersprache 27

Haarsträubend! 27

Augenweiden 30

Kopfnüsse 32

Die inneren Wortwerte 35

Das schöne Händchen und der falsche Fuß 37

Völlig vernagelt! 39

Naturgewaltiges 42

Feuer und Flamme 42

Wasser in aller Munde 44

Potzblitz und aufgedonnert! 46

Tollpatschig in Bredouille 48

Das freut den Schneekönig! 50

Grün ist die Hoffnung 52

Unkraut vergeht nicht 54

Holz vor die Hütte! 56

Die Weisheiten der Steine 58

Mond und Sterne 62

Namhafte Namen 65

Kennen Sie Ihre Pappenheimer? 65

Heroen und Hungerleider 73

Wer vom Teufel spricht 77

Tierisch treffsicher 79

Schräge Vögel 79

Gut gebrüllt, Löwe? 83

Alles für die Katz! 87

So ein Hundeleben! 90

Schwein gehabt! 92

Null Bock auf Bockmist 95

Sein Name ist Hase 97

So eine Maulaffenschande! 100

Das bunte Leben 103

Bei aller Liebe! 103

Essen hält Laib und Seele zusammen 105

In vino veritas 115

Sich regen bringt nicht immer Segen 118

Hempels Sofa, mit Tisch 120

Unter einen Hut gebracht 122

Kamerad Schnürschuh, der Pantoffelheld 124

Howgh, liebe Bleichgesichter 126

Was für ein Theater! 128

Hornbergs Schützenfest 130

Mit Pauken und Trompeten vergeigt 132

Höchste Eisenbahn!..135

Seemannsgarn...137

Fadenscheinige Argumente...142

Zeit für eine Zeitreise!...144

Wort und Zahl...149

So ein Kauderwelsch!...149

Die fiesen Matenten..151

Doppelt gemoppelt..153

Buchstabensalat...155

Selbst schuld!...158

Lieben Sie Sieben?..161

Anhang..166

Index...166

Bilder..177

Quellen...178

Appetithäppchen

Intro

Schön, dass Sie da sind, liebe Leserinnen und Leser!

Legen Sie Ihre Worte immer »auf die Goldwaage«? Oder schimpfen Sie lieber munter drauflos, wenn Ihnen »eine Laus über die Leber gelaufen« ist? Malen Sie nicht gleich »den Teufel an die Wand«, nur weil »der Haussegen schief hängt«! Sicher werden Sie bald wieder »Oberwasser haben« und vor lauter Glück vielleicht sogar »auf Wolke sieben schweben« ...

Tag für Tag liegen sie uns auf der Zunge: kluge Redensarten und Sprichwörter für alle Lebenslagen. Manchmal kommen sie uns ganz unbewusst über die Lippen. Doch was steckt eigentlich hinter dem, was wir da so alles sagen?

Naturbeobachtungen, Bibelweisheiten, antike Mythologie, traditionelles Handwerk, mittelalterliche Gebräuche, Brett- und Kartenspiele, Verballhornungen fremder Sprachen und vieles mehr sind in der Welt der Redensarten untrennbar miteinander verwoben. Oft gibt es auch mehr als nur eine einzige Erklärung zur Herkunft einer Wendung. Die Sprache macht halt so ihre »Fisimatenten«; und gerade darin liegt ihr ganz spezieller Reiz.

Seien Sie also auf allerlei Gedankensprünge gefasst! Wir werden hier »vom Hündchen aufs Stöckchen« und »vom Bismarck zum Hering« kommen. Wenn wir eigentlich mitten in der Tierwelt sind und Redewendungen rund um den Hund beleuchten, landen wir urplötzlich in der Kohlegrube. Die Suche nach dem Wohnsitz der Seele führt uns in den Metzgerladen, und das Schuhzeug des ungarischen Heeres hilft uns aus der schlammigen Patsche, in der wir gerade sitzen.

Doch keine Sorge: der umfangreiche Index im Anhang weist Ihnen bei Bedarf den direkten Weg zur Erklärung der Redensart, für die Sie sich gerade interessieren.

Der Geschichte, den Geschichtchen und den oft wirklich sehr elementaren menschlichen Erfahrungen, die sich hinter unseren allgemein bekannten Redewendungen verbergen, widmete ich mich von Anfang 2008 bis Ende 2014 im Rahmen einer regelmäßigen Rubrik für ein norddeutsches Kundenmagazin. Für dieses Buch habe ich die damals Monat für Monat als ›Einzelstücke‹ erschienenen Beiträge komplett überarbeitet und ergänzt, nach verwandten Themen neu arrangiert und mit eigenen Zeichnungen illustriert.

Zu den Hintergründen der hier vorgestellten Idiome hat die Sprachwissenschaftlerin und Volkskundlerin in mir zwar schon sehr akribisch recherchiert – doch der Anspruch, eine wissenschaftliche Arbeit zum Thema Redensarten zu liefern, besteht nicht. In erster Linie will ich Sie einfach nur unterhalten und Ihnen dabei vielleicht das eine oder andere amüsante Aha-Erlebnis bereiten. Das ist doch auch in Ihrem Sinne, oder? Gut. Beginnen wir mit ein paar Appetithäppchen!

Ehrlich gesagt ...

Der Ursprung vieler Redewendungen liegt nur scheinbar auf der Hand; hier kann es durchaus sehr kuriose Überraschungen geben. Was etwa haben Klöße, Fett oder Blumen mit unserem Reden und Begreifen zu tun?

Die Sprache der Rose

Wer »etwas durch die Blume sagt«, der versucht, jemandem in bildhaft-symbolischen Andeutungen eine unerfreuliche Wahrheit möglichst schonend beizubringen oder behutsam und freundlich Kritik zu üben.

Wenn der Angesprochene daraufhin aber mit »Vielen Dank für die Blumen!« kontert, dann ist er nicht zwingend ein Udo-Jürgens-Fan, sondern will wahrscheinlich deutlich machen, dass er die Krittelei sehr wohl erkannt hat – auch wenn sie noch so hübsch verpackt und versteckt war.

Schon in der antiken Rhetorik war das Blümlein (lateinisch *flosculus*) ein Gewächs der schönen und verhüllenden Rede, dessen Ableger unsere heutige »Floskel« ist. Und in gebildeten Kreisen sprach man dann bis ins 19. Jahrhundert hinein gern »sub rosa«, man versteckte seine kritischen Aussagen also wortwörtlich »unter einer Rose«.

Doch auch ganz konkret – und völlig stillschweigend! – lassen wir noch heute die Blumen für uns sprechen: Wer eine rote

Rose verschenkt, der offenbart damit seine Liebe, ohne die drei Worte aussprechen zu müssen, die manchem so schwer über die Lippen kommen. Gelbe Rosen dagegen verteilt man eher unter Freunden. Und was könnte wohl mit einem Kaktus oder einer Distel gemeint sein? Sagt da vielleicht jemand ganz unverblümt – also ganz direkt und rücksichtslos –, dass er den anderen nicht so recht leiden kann?

Die Goldwaage und das Fettnäpfchen

Wer nicht ins Fettnäpfchen treten will, sollte seine Worte (und auch seine Kakteen!) also lieber auf die Goldwaage legen. Dieses empfindliche Gerät prüft nämlich nicht nur das Gewicht von Edelmetallen sehr genau, sondern es warnt uns sinnbildlich auch dann, wenn unsere Bemerkungen andere verletzen oder uns selbst schaden könnten. Eine entsprechende Empfehlung dazu steht schon in der Bibel: »Dein Silber und Gold verwahrst du abgewogen, mach auch für deine Worte Waage und Gewicht!« (Buch Jesus Sirach, 28.25)

Das Fettnäpfchen dagegen stammt sehr wahrscheinlich aus dem Erzgebirge. Hier nämlich standen in den Bauernhäusern früher tatsächlich echte Näpfe mit Fett zwischen Haustür und Ofen, damit die draußen vielleicht nass gewordenen Stiefel der Bewohner oder der Besucher gefettet, geschützt und gepflegt und damit vor feuchten Rändern bewahrt werden konnten. Doch wer versehentlich in dieses Näpfchen trat oder es umkippte, der verteilte anschließend überall schmierige Fettflecken auf dem Dielenboden – und zog sich dadurch den Zorn der Hausfrau zu, die das ja alles wieder wegputzen musste.

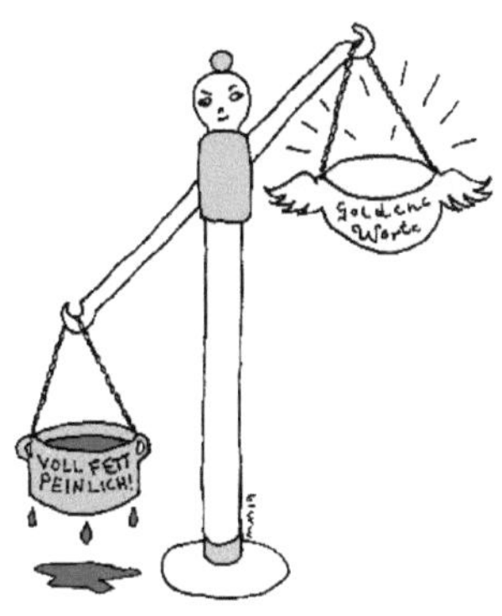

Alles klar wie Klosterbrühe!?

Auch wenn jemand sagt »Das ist doch klar wie Kloßbrühe!«, kann man schon etwas ins Grübeln kommen. Gemeint ist zwar: »Das versteht sich von selbst, ist doch gar nicht kompliziert!« Doch war das vielleicht ironisch gemeint?

Ist Kloßbrühe nicht eher eine trübe Flüssigkeit? Na ja, aber Erbseneintopf oder Spargelcremesuppe sind eindeutig noch schwerer zu durchschauen als Brühe ... Es sind die Klöße, die die Sache eben doch verkomplizieren. Sie haben sich nämlich erst im Laufe der Zeit in diese Redewendung eingeschlichen, um uns in Verwirrung zu stürzen.

Laut *Lexikon der populären Sprachirrtümer* jedenfalls müsste es korrekterweise eigentlich heißen: »Das ist doch klar wie *Kloster*brühe!« Denn diese Nahrung der asketischen Mönche (die übrigens ganz ohne Fleischklöße zubereitet wird) hatte früher tatsächlich ganz dünn und vollkommen klar zu sein, um der Völlerei vorzubeugen. Ganz durchsichtig also – und damit zweifelsfrei.

Tabula Rasa – die römische Reinlichkeit

Die »Tabula rasa« dagegen, die wir machen, wenn wir »reinen Tisch machen«, Klartext reden und rigoros das Alte verbannen, um dem Neuen Raum zu schaffen, bedeutet wörtlich übersetzt schlicht: »glatt geschabte Schreibtafel«.

Dieses Sprachbild geht auf eine im alten Rom gebräuchliche Notizzettelwirtschaft zurück: Damals ritzte man seine To-Do-Liste in kleine Wachstäfelchen, die nach erledigter Aufgabe einfach wieder glattgestrichen wurden.

(Un)Höflichkeiten

Romantiker machen ihrer Liebsten derweil lieber »den Hof«. Warum denn das? Haben sie nichts Besseres zu tun als zu fegen und die Mülltonnen in Reih und Glied aufzustellen?

Nein, Hinterhofidyllen sind mit dieser Redewendung nicht gemeint. Hier geht es vielmehr um den Hof eines Fürsten, als den man früher nicht nur dessen gesamtes Anwesen, sondern auch die Menschen in seiner Umgebung bezeichnete – also auch die Schar der Höflinge, die ihren Herrscher stets höflich buckelnd umschmeichelten.

Passend dazu steckt hinter dem heute auf Baby-Format verniedlichten »Bäuerchen machen« das alte Vorurteil der Oberschicht, dass sich die Landbevölkerung nicht zu benehmen wüsste und – unter anderem – hemmungslos drauflos rülpste.

Dumme Kühe und Kleinkriminelle

Sehr reich ist die deutsche Sprache an Redensarten, in denen wir das geistige Unvermögen anderer Menschen bildhaft ausschmücken. Der nervige Nachbar etwa ist »so dumm, wie er lang ist«, die zickige Kollegin eine »saudumme Kuh« – und alle beide sind auf jeden Fall »dümmer als die Polizei erlaubt«!

Die Vorstellung, dass Dummheit die öffentliche Sicherheit so sehr gefährdet, dass die Ordnungshüter eingreifen sollten, ist bereits seit 1870 überliefert. Gemeint war ursprünglich jedoch, dass Unwissenheit im Sinne von *fehlenden Informationen* kein Argument ist, um sich bei Gesetzesverstößen herauszureden.

Bei Wendungen wie »Das Glück is mit die Doofen« oder »Der hat mehr Glück als Verstand gehabt!« aber liegt der Verdacht nahe, dass diese Weisheiten von wenig erfolgreichen, dafür aber umso neidischeren Intellektuellen kreiert wurden ...

Glückssachen

Die meisten Redensarten rund ums Glück braucht man nicht lange zu erklären. Wenn wir reimen »Glück und Glas – wie leicht bricht das!« oder finden, dass »jeder seines Glückes Schmied« ist, dann haben wir dabei sehr anschauliche Vorstellungen im Kopf: Wir sehen zarte Scherben auf dem Boden liegen oder hören förmlich das energische Einhämmern auf das Hufeisen Zukunft ...

Das schon ab dem 12. Jahrhundert als »(ge)lucke« bekannte Glück bedeutete ursprünglich jedoch ganz neutral »Zufall« oder »Schicksal«, es war also nicht zwingend positiv gemeint: Entweder »glückt« (= »gelingt«) uns etwas »auf gut Glück« – oder eben nicht.

Warum aber schießen ausgerechnet »Glück*spilze*« aus den Böden dieser Welt, während die »Unglücksraben« auf den eher kargen Ästen des Lebens sitzen?

Raben und andere Pechvögel

Bei den Germanen und in anderen alten Kulturen galten die in der Tat hochintelligenten Raben noch als Vögel der Weisheit. Odins Begleiter etwa, die beiden Raben Hugin und Munin, informierten den Götterkönig der nordischen Mythologie sachkundig über das aktuelle Weltgeschehen.

Im Zuge der Christianisierung aber wurden die Schwarzgefiederten dann als böse, teuflische Tiere interpretiert – und als Unglücksboten, deren Flug Tod oder Krieg ankündigte. Zu diesem schlechten Image trugen die Raben selbst sicher auch ein Stück weit bei, da sie sich als Aasfresser gern an Hinrichtungsstätten aufhielten, an denen man die Gehenkten früher einfach offen baumeln ließ. Die »Unglücksraben« waren zugleich also auch »Galgenvögel«; und da Rabenvögel sehr gesellige Tiere sind, kommt »ein Unglück selten allein«.

Der »Pechvogel« dagegen muss nicht unbedingt ein Rabe sein. Sein gattungsübergreifendes Merkmal ist vielmehr, dass er den Menschen »auf den Leim geht«, sich also von ihnen austricksen lässt. Wie noch heute in manchen Kulturen, so bestrich man früher auch bei uns Äste mit Leim oder klebrigem Pech, um die Vögel, die sich hier niedersetzten, zu fangen – und dann zu verspeisen.

Pilze, die gut bei Kasse sind

Die »Glückspilze« sind demgegenüber eine recht moderne Erfindung. Sie entstanden im 18. Jahrhundert, als die beginnende industrielle Revolution die Neureichen geradezu wie Pilze aus dem Boden schießen ließ.

Entsprechend war der Begriff ursprünglich im Sinne von »Emporkömmling« beziehungsweise »Parvenü« gemeint – oder im Englischen eben etwas bilderreicher: *mushroom.*

Genug Kleingeld dabei?

Geld stinkt nicht. Aber dafür regiert Geld die Welt. Unter anderem auch die Welt der Redewendungen. Nicht nur, weil das Geld hier – von der »Knete« bis zum »Moos«, von den »Blüten« bis zu den »Kröten« und »Mäusen« – selbst so viele bilderreiche Namen hat. Nein, in unserem Sprachgebrauch ist auch eine ganze historische Münzsammlung versteckt.

Alte Bekannte: Mark, Groschen und Pfennig

Bevor 2002 die »Euronen« kamen, mussten wir ja »jede *Mark* dreimal umdrehen«, bevor wir sie ausgaben. Sei's als Reichsmark (ab 1924) oder, ab 1948, als D-Mark beziehungsweise Mark der DDR. Und das schon seit 1871, als diese Währung im Deutschen Kaiserreich eingeführt wurde. Damals löste die Mark übrigens den *Taler* ab, eine Großsilbermünze, die europaweit verbreitet war. Ah, deshalb sagt man also: »Wer den *Pfennig* nicht ehrt, ist des Talers nicht wert!«

»Der *Groschen* ist gefallen.« Ganz so, wie erst die eingeworfene Münze einen Automaten in Bewegung setzt, hat ein Hinweis unsere »Denkmaschine« angekurbelt. Das Wort Groschen (von italienisch *denaro grosso* = »dicker Denar«) ist als Bezeichnung für verschiedene Münzen gebräuchlich. Der Taler z. B. hieß auch »Guldengroschen«. In Deutschland wurden 1271 die ersten offiziellen Groschen geprägt und blieben uns dann – etwa als ›Spitzname‹ für das 10-Pfennig-Stück – lange erhalten.

Der Pfennig wurde im 8.-13. Jahrhundert übrigens durchaus sehr geehrt. Denn damals war er noch eine wertvolle Silbermünze von hoher Kaufkraft. Erst Ende des 17. Jahrhunderts sank er zur Billig-Kupfermünze herab. Eine regionale Variante zum Pfennig war der in Schwäbisch Hall geprägte Häller Pfennig oder *Heller*. Wer also »auf Heller und Pfennig genau« zahlt, der rundet zwar nicht großzügig auf – aber er moppelt doppelt.

Alte Unbekannte: Deut und Scherflein

Oft geht es auch da ums Geld, wo es in modernen Ohren gar nicht danach klingt. Zum Beispiel dann, wenn wir zu etwas »unser Scherflein beitragen« oder uns im Gegenteil »keinen Deut darum scheren«.

»Ik geef er geen' koperen duit voor« (= Da gebe ich keinen kupfernen Deut für) sagte man in den Niederlanden, wenn man auf etwas nicht den geringsten Wert legte. Und meinte damit die heimische Variante des Pfennigs, den Deut, der 1573-1816 ebenfalls nur noch aus dem billigsten Metall bestand.

Der Scherf war schon im Mittelalter nur eine kleine Münze im Wert eines halben Pfennigs. Martin Luther prägte die Redewendung, die das »Scherflein« zum Inbegriff der geringfügigen Gabe zu einem größeren Ganzen machte.

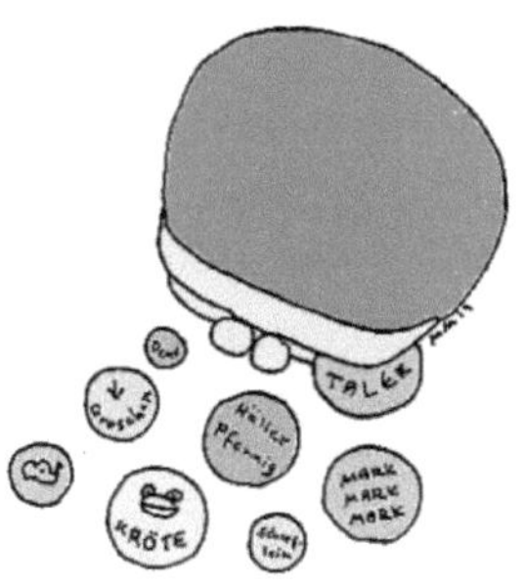

Von echtem Schrot und Korn

Manche Redensarten hängen auch mit altem Münzwesen zusammen, obwohl uns zunächst eigentlich ganz andere Bilder in den Kopf kommen. Ein Mensch »von echtem Schrot und Korn« zum Beispiel hat einen gradlinigen, aufrichtigen Charakter. Doch er hat weder mit Schießpulver noch mit Getreide oder Schnaps zu tun. Schrot bezeichnet vielmehr das sogenannte Rauhgewicht, das Gesamtgewicht einer Münze einschließlich der beilegierten unedlen Metalle, Korn dagegen ihr Feingewicht, das dem Anteil an Edelmetallen entspricht. Je näher beide Werte beieinander liegen, desto echter ist das Schrot und desto unverfälschter und wertvoller die Münze.

Goldrichtig

»Nach Golde drängt, am Golde hängt doch alles ... Ach wir Armen!« Das wusste schon das Gretchen in Goethes *Faust* (Der Tragödie erster Teil, Abend). Gold ist für uns Inbegriff sowohl materieller wie auch menschlicher Werte.

Auch unter kommunikativen Aspekten ist Gold durchaus Gold wert! Ihm verdanken wir wertvolle Einsichten wie »Reden ist Silber, Schweigen ist Gold«, und um unkontrolliertes Herumgeplapper mit unbeabsichtigten Wirkungen zu vermeiden, legen wir im Idealfall jedes dennoch gesprochene Wort akribisch auf oben ja schon vorgestellte Goldwaage.

»Morgenstund' hat Gold im Mund!«

Die Meinung, dass frühes Aufstehen lohnt, weil man morgens am besten arbeiten und so mehr erreichen kann, geht auf die lateinische Weisheit »aurora habet aurum in ore« zurück. Diese besagt eigentlich aber einfach nur, dass man sich Aurora, die Göttin der Morgenröte, im alten Rom mit Gold im Haar und im Mund vorstellte.

Goldnasen und -kehlen

Wer stattdessen jedoch »Gold in der Kehle« hat, tritt besser abends im Opernhaus auf, denn bei Tenören ist ein metallischer Klang in der Stimme sehr gefragt; und das rechnet sich!

Eine »goldene Nase« kann man sich – ähnlich wie König Midas, der *alles* zu Gold machte, was er anfasste – natürlich auch verdienen, indem man einen Laden oder Onlineshop aufmacht, der sich als wahre »Goldgrube« erweist.

Fische, Löffel und Käfige

Oder haben Sie vielleicht einen »Goldfisch an der Angel«? Also einen Partner, der als Kind reicher Eltern »mit einem goldenen Löffel im Mund geboren« wurde, nun aber froh ist, dass Sie ihn endlich aus seinem »goldenen Käfig« befreien?

Aber: »Es ist nicht alles Gold, was glänzt«

Das auch als »Katzengold« bekannte Mineral Pyrit zum Beispiel schimmert zwar goldfarben, doch es setzt sich lediglich aus Eisen und Schwefel zusammen und ist daher als Geldanlage wirklich »für die Katz«. Lukrativer wäre da der »Goldesel« aus dem Märchenland, bei dem *echtes* Edelmetall am Ende des Verdauungsvorgangs steht.

Da klappert's im Handwerk

Das Schneiderhandwerk jedenfalls hatte in früherer Zeit keinen »goldenen Boden«. Es reichte also kaum als Existenzgrundlage aus und ernährte nur sehr schlecht.

Das arme Schneiderlein

Man sagte sogar, dass ein Schneider nicht mehr als 30 Lot (also nur rund ein halbes Kilo!) wiegen würde. Diese Idee wurde dann auf Kartenspiele wie Skat übertragen, bei denen verliert, wer nur 30 oder weniger Punkte einspielt. Wer aber über dieser Punktzahl lag, der war »aus dem Schneider«, also nicht auf der Verlierer-, sondern auf der Gewinnerseite.

»Das kannst du halten wie ein Dachdecker!«

Dass ausgerechnet Dachdecker zum Inbegriff des »Mach es einfach, wie *du* willst« geworden sind, liegt am Berufsrisiko: Ob sie in schwindelnder Höhe korrekt arbeiteten oder hemmungslos pfuschten, wagten nämlich weder der Architekt noch der Bauherr zu kontrollieren – schlicht aus Angst, herunterzufallen.

Freie Wahl hatten die Dachdecker des Mittelalters zudem auch bei der Handwerksgilde, der sie beitreten wollten. Sie konnten sich sowohl zu den Maurern als auch zu den Zimmerleuten rechnen.

»Schuster, bleib bei deinen Leisten!«

Auch Schuhmacher konnten sich allerlei herausnehmen, berichtet eine Anekdote über den griechischen Maler Apelles, der im vierten Jahrhundert v. Chr. lebte. Der Künstler belauschte einst, wie ein Schuster an den Schuhen auf einem Gemälde bemängelte, dass ihnen eine Öse fehle. Derart fachkundige Kritik nahm sich Apelles zu Herzen und korrigierte das Bild.

Doch der Schuhmacher war immer noch nicht zufrieden und krittelte nun an der Darstellung der Beine und der Kleidung herum. Da wurde es Apelles zu bunt, und er konterte mit den

Worten: »Was *über* dem Schuh ist, kann der Schuster nicht beurteilen!«

Später gab die Anspielung auf die Leisten, also auf die hölzernen Fußmodelle des Schusters, dieser Schutzformel gegen Einmischung ohne echte Sachkenntnis den letzten Schliff.

»Der säuft wie ein Bürstenbinder!«

Ein heute fast ausgestorbener Handwerkszweig dagegen scheint für hemmungslosen Alkoholkonsum besonders anfällig gewesen zu sein. Tatsächlich waren Bürstenbinder, die zur Desinfektion der Schweineborsten mit staubigem Kalk hantierten, sicher oft sehr durstig.

Der Prototyp des exzessiven Säufers stammt jedoch nicht aus Handwerker-, sondern aus mittelalterlichen Studentenkreisen. Nach ihren Gemeinschaftsunterkünften, den »Bursen« (vom lateinischen *bursa* = Geldbeutel, gemeinsame Kasse), nannten die angehenden Akademiker sich selbst ebenfalls »Bursen« und ihre Lieblingsbeschäftigung, das Trinken, auch. Daraus wurden dann die »Burschenschaften«, die die Gläser zunächst beim »Bürschen« und schließlich beim sogenannten »Bürsten« klirren ließen. Prost!

Einfach mal blau machen

Wer am Wochenende ziemlich »blau«, also reichlich betrunken war, der legt besonders gern einen »blauen Montag« ein und kommt lieber gar nicht erst zur Arbeit. Kurz: Er »macht blau«. Warum nicht grün, schwarz oder gelb?

Die Schnapsfarbe

Den farblich-sprachlichen Zusammenhang zwischen Alkohol und Auszeit verdanken wir einer verbreiteten (wissenschaftlich jedoch nicht hundertprozentig gesicherten) Theorie nach tatsächlich echten, professionellen »Blau-Machern«, nämlich der Färberzunft des Mittelalters.

Blaue Farbtöne für die Kleidung gewann man damals entweder aus der teuren, weitgereisten Indigo- oder, wesentlich kostengünstiger, aus der einheimischen Waidpflanze. Um den Farbstoff herauszulösen, mussten die Pflanzen zunächst in einer Flüssigkeit mit einem speziellen pH-Wert gären. Diese von den Färbern selbst hergestellte Flüssigkeit war unappetitlicherweise Urin.

Die Erfahrung nun hatte gezeigt, dass sich die besten Farbresultate mit dem Urin derjenigen erzielen ließen, die vorher reichlich Alkohol getrunken hatten. Und so gehörte es ganz unmittelbar zum Färberhandwerk dazu, *blau zu sein,* wenn *Blau gemacht* wurde. Viel mehr ließ sich in diesem Zustand dann nicht beschicken.

Die Farbe der Faulheit

Auch die weiteren Stadien des Blaufärbens waren eine recht entspannte Angelegenheit: Der Stoff musste lange eingeweicht werden, bis er Farbe annahm; und wenn er schließlich aus der autobahntoilettenartig riechenden Brühe gezogen wurde, war er immer noch nicht blau. Zu seiner endgültigen Farbe kam er erst, wenn er in der Sonne getrocknet war. Beim Blaumachen waren also alle Bottiche und Trockengestelle für längere Zeit belegt. Die Färbergesellen konnten sich daher wirklich nur dem süßen Nichtstun hingeben.

Die Montagsfarbe

Warum aber ausgerechnet der Montag ein blauer Tag ist, das erklären uns die Färber nicht. Diese Eintönung leitet sich wahrscheinlich von dem christlichen Fastenmontag ab, an dem die Kirchen mit Tüchern in der liturgischen Farbe Blau geschmückt waren und *alle* Handwerker ganz offiziell arbeitsfrei hatten.

Die Briefe und die Wunder

Hinter den »Blauen Briefen« dagegen, dem Schrecken aller Schulkinder, deren Versetzung gefährdet ist, steckt nicht das Handwerk, sondern das Militär: In offiziell preußisch blau gehaltenen Umschlägen versandte das preußische Kabinett im 19. Jahrhundert Schreiben, in denen manche Offiziere aufgefordert wurden, ihren Abschied zu nehmen. (Sie mussten nun also zwangsweise blau machen.)

Die »blauen Wunder«, die man erlebt, wenn man eine unerwartete und desillusionierende Erfahrung macht, die haben die

Zauberkünstler erfunden. Denn diese machten ihren Zuschauern früher wirklich ganz konkreten »blauen Dunst vor«, um hinter den (manchmal auch noch berauschenden) blauen Dämpfen die Vorbereitungen für den nächsten Trick zu verbergen.

Das wieder wirft ein ganz neues Licht auf Wendungen wie »das Blaue vom Himmel herunterlügen« oder »blauäugig« für leichtgläubig bzw. naiv.

Adelsblut und andere Verfärbungen

Zu so manchem, was wir »ins Blaue reden«, haben uns die Signale des eigenen Körpers inspiriert. Wer »mit einem blauen Auge davonkommt«, hat auch im übertragenen Sinne eine heftige Rangelei des Lebens halbwegs gut überstanden.
Der alte Adel dagegen verdankt sein »blaues Blut« der – im Gegensatz zur sonnengebräunten Landbevölkerung – vornehmen Blässe seiner Stubenhockerhaut, durch die die Venen bläulich hindurchschimmern.
Und der Begriff »blau sein« für das Stadium fortgeschrittener Trunkenheit könnte durchaus auch in Verbindung mit der charakteristisch rot-violett verfärbten »Säufernase« stehen.

Körpersprache

Haarsträubend!

Die ›Körpersprache‹ ist generell eine schier unerschöpfliche Fundgrube für anschauliche Redewendungen. Sie ist sogar dann im Spiel, wenn es scheinbar um die Wurst geht.

Doch beginnen wir ganz oben: Sprichwörtliche Haare kann man »anderen vom Kopf fressen« oder sich »zu Berge stehen« lassen. Man kann daran aber auch etwas »herbeiziehen«. Probleme etwa – oder auch das Glück!

Warum packen wir günstige Gelegenheiten ausgerechnet »beim Schopfe«?

Das haben sich die alten Griechen ausgedacht. An ihrem vielbevölkerten Götterhimmel nämlich gab es gleich zwei Sachverständige für die Zeit. Der eine, Chronos, war für die ganz normale Zeitmessung zuständig. Nach ihm wird die Uhr bis heute auch Chronometer genannt.

Der andere Zeitgott aber, Kairos, war die göttliche Verkörperung für die Gunst der Stunde, die es zu ergreifen gilt. Doch das ist gar nicht so einfach, denn Kairos hat nicht nur Flügel an den Füßen, die ihn schnell wie der Wind durch unser Leben sausen lassen, sondern auch eine ziemlich tückische Frisur: Vorn vor der Stirn hängt ihm zwar eine lange Locke, an der der richtige Augenblick gut festzuhalten ist – aber am Hinterkopf ist Kairos völlig kahl.

Wer die Glückslocke also auch nur »um Haaresbreite« verfehlt, für den »ist der Bart ab« und die Chance vertan.

Des Kaisers oder der Ziege Bart?

Freunde der »Haarspalterei« versäumen gute Gelegenheiten oft deshalb, weil sie so eifrig bemüht sind, noch einmal im Längsschnitt zu halbieren, was eh nur einen Durchmesser von rund 0,07 Millimetern hat. Sie sind aber auch sehr begabt darin, ausgiebig »um des Kaisers Bart zu streiten«, ihre Zeit also mit denkbar müßigen Diskussionen vergeuden.

Ein ideales Thema dafür ist zum Beispiel die Frage nach dem Ursprung dieser etwas merkwürdigen Redewendung selbst: Die einen führen den Streit um des Kaisers Bart auf ebenso unfruchtbare wie überflüssige wissenschaftliche Debatten darüber zurück, ob römisch-deutsche Kaiser wie der legendäre Barbarossa Friedrich I. auch wirklich Bartträger waren. Und, wenn ja: ob dessen namensgebender roter Bart nicht irgendwann grau oder weiß geworden sein müsste, während er jahrhundertelang in einer Höhle des Kyffhäuserbergs schlief?

Andererseits aber spottete schon der römische Dichter Horaz (65-8 v. Chr.) über Schlauköpfe, die sich »um die Ziegenwolle streiten«. Nämlich darüber, ob man Ziegenhaar eigentlich auch – wie das der Schafe – als Wolle bezeichnen könne. Im Zuge der internationalen Spruchverschleppung und Sprachverschleifung soll daraus in deutschen Munden dann zunächst ein Streit um den »Geißhaar«-Bart geworden sein, und der vernuschelte schließlich zu dem an des Kaisers Kinn.

So oder so: Meist lohnt es deutlich mehr, modernen Kaisern wie Chefs oder Vätern schmeichelnd »um den Bart zu gehen«, als Ziegen aller Art zu umgarnen.

Zähne und Zöpfe: Unbeschreiblich unweiblich?

Nicht nur der Bart, sondern auch die Kopf- und Körperbehaarung galten früher als Ausdruck der puren Manneskraft. Um das noch zu steigern, sagte man von den Tapfersten, dass sie sogar »Haare auf der Zunge« hätten.

»Haare auf den Zähnen« dagegen bescheinigt man eher Frauen, die sich derart resolut und bissig durchsetzen, dass es ihnen sehr an femininem Charme gebricht. Doch darüber braucht frau sich heute »keine grauen Haare wachsen zu lassen«. Inzwischen darf sie ruhig energisch und schlagfertig sein. Derlei Rollenbilder sind ja schließlich nur »alte Zöpfe«, und die sind doch längst abgeschnitten. Oder?

Der alte Zopf, heute Inbegriff veralteter Moden, Ideen oder Verhaltensvorschriften, zierte ursprünglich wiederum die

Herren der Schöpfung. Im 18. Jahrhundert baumelte er zum Beispiel eher unpraktisch an den Köpfen der preußischen Soldaten herunter; und mit der Französischen Revolution (1789) wurden die zuvor so beliebten gepuderten Herrenzöpfe zu einem derart anschaulichen Symbol geistiger Rückständigkeit, dass man sie sich lieber auch ganz konkret abschnitt.

Augenweiden

Wohl kaum ein Sinnesorgan ist uns Menschen so wichtig wie das Auge. Das zeigt sich nicht zuletzt an einer schier unüberschaubaren Zahl von Redensarten. Auf einige davon wollen wir hier einen augenzwinkernden Blick werfen.

Aufmerksame Zeitgenossen gehen »mit offenen Augen durchs Leben« und glauben nur, was sie »mit eigenen Augen sehen«. Wir »liebäugeln« mit größeren Anschaffungen und »fassen neue Ziele ins Auge«, um sie dann entweder konsequent »im Blick zu behalten« oder wieder »aus den Augen zu verlieren« ...

Flirtfaktor Nummer eins

»Um deiner schönen Augen willen« machen wir gern Zugeständnisse; vor allem dann, wenn unser Gegenüber uns obendrein auch noch »schöne Augen macht«, also ganz verliebt ansieht, und auch sonst »eine wahre Augenweide« ist.

Auf die bis heute beliebte Idee, den Anblick menschlicher Schönheit mit einer satten grünen Weide zu vergleichen, an der sich die Augen wie eine Tierherde nähren und erfreuen können, kam (um 1200 n. Chr.) bereits der mittelalterliche Dichter Hartmann von Aue.

Doch nicht nur auf der Sommerwiese »springen sie ins Auge«, die attraktiven, leicht bekleideten Damen, auf die die Herren so gern »ein Auge werfen«. Manch Jüngling guckt sich dabei geradezu »die Augen aus dem Kopf«, bis er die sprichwörtlich verlängerten »Stielaugen bekommt«. Er »zieht die Mädels mit den Augen aus« – oder »verschlingt« sie vielleicht sogar via Sehorgan!

Dezente Naturen beschränken sich jedoch auf einen verstohlenen, heimlichen Blick. Doch auch dabei »riskieren sie ein Auge« – ganz wie die Ritter im Mittelalter, die mit aufgeklapptem Visier in den Turnierkampf ritten, weil sie mit ungeschützten Augen mehr erkennen konnten als durch den sicheren Sehschlitz.

Zweimal zugedrückt

Bei so viel Ablenkung der Sicht muss »das Auge des Gesetzes«, die Polizei, manchmal schon »ein Auge zudrücken« und kleine Kavaliersdelikte im Straßenverkehr wohlwollend übersehen.

Im altdeutschen Bauernrecht war es sogar üblich, bevorzugte Angeklagte von einem einäugigen Büttel auf einem einäugigen Pferd vor Gericht laden zu lassen, um ihnen schon vorab ein mildes, nachsichtiges Urteil zu signalisieren.

Justitia, die Symbolfigur der Gerechtigkeit, ist ja sogar »auf beiden Augen blind«: Sie trägt eine Binde davor, um ohne Ansehen der Person immer fair zu urteilen.

Kopfnüsse

»Kopf hoch!« Diese Aufmunterung kann man getrost wortwörtlich nehmen. Denn nur der, der etwas »erhobenen Hauptes« tut, handelt mit Stolz, Selbstachtung und Würde.

Wer dagegen »den Kopf hängen lässt« (und die Schultern meist noch dazu), zeigt schon durch seine Körperhaltung, dass ihm das Leben eine Last ist, der er sich nicht gewachsen fühlt.

Genauso konkret ist es auch gemeint, wenn wir »jemandem etwas direkt auf den Kopf zusagen« oder wenn zwei

Tratschtanten »die Köpfe zusammenstecken«, um miteinander zu tuscheln.

Nie das Brett in den Sand stecken!

Und natürlich: Wenn man wirklich ein solides hölzernes »Brett vor dem Kopf« hätte, sähe man in der Tat gar nichts mehr – auch die naheliegendsten Dinge nicht. Diese Redewendung wurde jedoch nicht von Menschenköpfen, sondern von Ochsenköpfen inspiriert. Den Ochsen nämlich hängten die Bauern früher tatsächlich ein Brett vor die Augen, wenn sie als Zugtiere ins Joch gespannt wurden. So ließen sich die störrischen Tiere leichter führen und waren weniger schreckhaft.

Die Tierwelt stand auch Pate, wenn wir jemanden mit den Worten »Nun steck' doch nicht gleich den Kopf in den Sand!« dazu ermutigen, sich unangenehmen Tatsachen zu stellen: Schon in der Antike unterstellte man dem Vogel Strauß die Feigheit, bei

Gefahr einfach seinen Kopf im Sand zu vergraben, weil er meine, dann nicht gesehen zu werden.

Tatsächlich haben die Menschen das Verhalten des Tieres einfach nur ungenau beobachtet und falsch interpretiert: Bedingt durch Luftspiegelungen oder hohes Gras scheint es von ferne so, als verschwindet der Straußenkopf in der Erde, wenn die Vögel etwas vom Boden aufpicken. Zoologisch korrekt ist aber nur, dass Strauße sich bei Gefahr flach über ihr Nest werfen, um es zu tarnen.

Was hat mein Kopf auf dem Kasten?

Im Mittelalter stellte man sich das Herz, den Magen und andere Körperbereiche als eine Art Kasten im Körper vor – und noch heute sprechen wir ja vom »Brustkasten«. Auch die menschliche Stirnregion wurde »kaste« genannt. Sie galt also als eine Art Schatzkästlein, in dem das gesamte persönliche Wissen versammelt ist; eben alles, was man so »auf dem Kasten hat«.

Seit Anbruch des Computerzeitalters neigen wir jedoch eher dazu, den Kopf (respektive das Hirn) als eine Art körpereigene Festplatte zu begreifen; und mit der kann allerlei passieren!

Ungewollte Datenverluste etwa haben zur Folge, dass wir uns als »Hohlkopf« fühlen, der etwas Wichtiges gerade »einfach nicht im Kopf hat«. Wenn wir dagegen »den Kopf schon völlig voll haben« mit einer bestimmten Aufgabe, dann erreicht unsere natürliche Speicherkapazität ihre Grenze: Uns geht einfach »nichts mehr in den Kopf«.

Schlimmstenfalls »raucht der Kopf« sogar – was bei elektronischen Geräten ja wirklich sehr bedenklich wäre! Bevor man darüber zu einem »Hitzkopf« wird, der blindlings »mit dem Kopf durch die Wand« rennt, ist es klüger, sich weitere Pläne »aus dem Kopf schlagen« (also bewusst darauf zu verzichten) und erst einmal »herunterzufahren«.

Die inneren Wortwerte

Wer aus seinem Herzen keine Mördergrube macht, der bekommt auch keine Probleme, wenn andere Menschen ihn »auf Herz und Nieren prüfen« …

Von Herzen!

Die sprichwörtliche Idee, »aus seinem Herzen keine Mördergrube zu machen«, also frei und offen zu sagen, was einen gerade beschäftigt, belastet oder stört, hat vor allem der Fürst und Reichskanzler Otto von Bismarck (1815-1898) populär gemacht. Doch schon Martin Luther (1483-1546) erwähnte diese Grube in Verbindung mit der Tempelaustreibung (Jeremias 7,11).

»Mördergrube«, war früher nämlich ganz einfach ein anderes Wort für »Räuberhöhle« – und damit für einen Ort, an dem sich sehr zwielichtige, wenig vertrauenerweckende Gestalten und Pläne herumtreiben.

Oder von Leber?

Wenn einem also etwas wirklich sehr »an die Nieren geht«, dann sollte man »frei von der Leber weg sagen«, was da gerade »Bauchschmerzen macht«, beziehungsweise welche Laus einem über die Leber gelaufen ist.

Warum ausgerechnet über die Leber? Warum nicht übers Herz oder durch den Kopf? Im Altertum und im Mittelalter waren die Gelehrten der Ansicht, dass das Temperament des Menschen seinen Wohnsitz in der Leber habe. Man meinte, dass in diesem Organ die Gefühle ›produziert‹ würden: die Liebe, die Trauer … und vor allem auch Wut und Zorn.

Allerdings sagte man daraufhin zunächst nur, dass jemandem »etwas« über die Leber gelaufen sei. Die Laus kam erst später dazu. Durch das doppelte »L« ergab sich nun ein einprägsamer Stabreim – und zugleich ließ das Krabbeltier den Anlass des Ärgers als zwar unangenehm, aber auch eher klein und nichtig erscheinen.

Gewurschtel im Nachhinein

Ob mit oder ohne Laus: Beleidigt ist also die Leber als Sitz des Gemüts. Bis ins 18. Jahrhundert hinein war dies eine verbreitete Vorstellung. Heutzutage aber ist ein Fleschereiprodukt beleidigt.

Die Wurst wurde erst im späten 19. Jahrhundert an die Leber gehängt, als man mit der Vorstellung vom Gefühlsorgan nichts mehr anfangen konnte. So entstand das drollig-spöttische

Sprachbild für einen Menschen, der sich – mehr oder minder grundlos – gekränkt fühlt und vor sich hin schmollt.

Um zu begründen, warum es in diesem Sprichwort nun plötzlich um die Wurst geht, wurde zusätzlich noch eine kleine Geschichte erfunden: Ein Metzger kochte verschiedene Würste zusammen in einem Kessel und nahm sie nacheinander heraus, sobald sie fertig waren. Die Leberwurst aber musste von allen am längsten kochen und blieb schließlich als einzige zurück. Und daraufhin war sie nicht nur sehr beleidigt ... sie platzte am Ende sogar vor Wut!

Das schöne Händchen und der falsche Fuß

Um »mit Händen und Füßen zu reden«, brauchen wir nicht wild herumgestikulieren. Zunge und Stimmbänder reichen völlig aus, um »händeringend nach einer Lösung zu suchen« oder »jemandem aus der Hand zu fressen«, damit man dann »auf gutem Fuß mit ihm steht«.

Beraubte Ritter

Wer sagt, dass etwas »Hand und Fuß hat«, meint heute eher abstrakt, dass eine Idee oder Sache so vollständig durchdacht ist, dass es ihr an nichts fehlt. Für die Ritter des Mittelalters allerdings hatte diese Wendung noch eine sehr konkrete Bedeutung: Um kampfbereit zu sein, brauchten sie auf jeden Fall die rechte Hand, die üblicherweise das Schwert führte – und den

linken Fuß, mit dem sie zuerst in den Steigbügel ihres Schlacht-
rosses traten. Bei schweren Vergehen sah die damalige Recht-
sprechung jedoch durchaus vor, diese beiden wichtigen Glied-
maßen kurzerhand abzuhacken und dem Delinquenten so seine
gesamte Leistungsfähigkeit zu rauben.

Links? Rechts? Oder je nachdem?

Derart ausgewogen ist das sprichwörtliche Verhältnis zwischen
Links und Rechts allerdings längst nicht immer. Wer etwa »mit
dem falschen Fuß aufgestanden«, also ausgesprochen schlecht
gelaunt ist, hat seine miese Stimmung deshalb heraufbeschwo-
ren, weil er zuerst mit Links aufgetreten ist; denn Links ist alten
abergläubischen Vorstellungen zufolge prinzipiell die Seite, aus
der das Unheil kommt.

Umgekehrt fordern manche Großeltern die Kinder noch
heute auf: »Gib der Tante das schöne Händchen« – und meinen
damit selbstredend das rechte. Kein Problem für den Großteil
der Weltbevölkerung, die sich ja überwiegend aus Rechtshän-
dern zusammensetzt.

Was aber, wenn man nun gleich »zwei linke Hände hat«, also ziemlich ungeschickt ist? Nun, das sollte in unserer toleranten modernen Gesellschaft auch kein Problem mehr sein, denn inzwischen findet es ja durchaus Anerkennung, wenn jemand »etwas mit links machen« kann – also mit besonderer Leichtigkeit, »ganz locker aus dem Handgelenk heraus«.

Völlig vernagelt!

Nägel haben wir gleich doppelt im Haus: Einmal in der Werkzeugkiste und einmal an den Fingern und Zehen. Doch welche davon sind wann im Gespräch?

Auf den Kopf getroffen

Die Entscheidung, »Nägel mit Köpfen zu machen«, also konsequent und zweckmäßig vorzugehen, ist nicht nur sprichwörtlich, sondern auch praktisch gesehen sehr klug: Wäre die Menschheit dabei stehen geblieben, kopflose Metallstifte zu verwenden, hätten wir erhebliche Probleme damit, diese mit dem Hammer zu treffen und würden noch viel öfter als sowieso schon auf den Daumen- oder Fingernägeln landen.

Ist der Nagel dann glücklich in der Wand, kann man daran allerlei hängen; seinen Beruf, zum Beispiel. Ursprünglich machten dies regelmäßig die Mitglieder der Schneiderzunft, und zwar mit halb fertig genähten Kleidungsstücken, wenn sie – vorläufig! – an einem anderen Gewand arbeiten wollten.

Wer aber traf nun erstmals »den Nagel auf den Kopf« und brachte präzise auf den Punkt, worauf es ankommt? Darüber streiten die Sprachgelehrten. Einig ist man sich nur darin, dass es hierbei nicht um eine handwerkliche Tätigkeit geht.

Eine Theorie besagt, dass die Wendung aus dem Schießsport stammt und gleichbedeutend ist mit »ins Schwarze treffen«, den Pfeil also im Zentrum der Zielscheibe zu platzieren. Diese Scheibe nämlich war früher genau in der Mitte mit einem Nagel an der Wand befestigt.

Liebhaber der Antike verweisen hier jedoch auf dem römischen Dichter Plautus, der da sagte: »Rem acu tetigisti«. Das bedeutet so viel wie: »Du hast die Sache mit der Nadel berührt«. Also sehr fein(sinnig).

Prost Nagelprobe!

Entbehrlich ist ein Hammer auf jeden Fall, wenn wir »jemandem nicht das Schwarze unter den Nägeln gönnen« – also nicht einmal das kleinste bisschen Dreck.

Auch um »eine Nagelprobe zu machen«, also um etwas ganz genau zu prüfen, genügt der Daumen vollkommen. Pate dieser Redewendung ist ein altskandinavisches, in Deutschland besonders in der Reformationszeit beliebtes Trinkritual: Wer sein Schnapsglas ausdrücklich auf das Wohl eines anderen Zechkumpans leerte, stellte dieses anschließend umgedreht auf den Daumennagel der linken Hand, um zu beweisen, dass er wirklich alles bis auf den letzten Tropfen ausgetrunken und damit seine guten Wünsche tatsächlich ernst gemeint hatte.

Wo brennt's? »Auf« oder »unter«?

Eilige Aufgaben, Ungeduld oder unangenehme Situationen brennen manchen Menschen »unter« und anderen »auf den

Nägeln«. Wer hat recht? Möglich ist beides, denn auch zu dieser Wendung existieren verschiedene Deutungsansätze:

Mit »unter« sind auf jeden Fall echte Qualen verbunden, denn das wäre eine Anspielung auf die böse alte Foltermethode, den Verhörten brennende Kienspäne unter die Nägel zu stecken. Alternativ sollen die Peiniger ihren Opfern jedoch auch glühende Kohlestückchen *auf* die Fingernägel gelegt haben.

Deutlich sympathischer ist da die folgende Begründung der Redensart: In Klosterkapellen gab es früher keine künstlichen Lichtquellen. Damit sie die Texte der Früh- oder Spätmessen auch bei Dunkelheit mitlesen konnten, klebten sich die Mönche kleine brennende Wachskerzen auf die Daumennägel. Brenzlig wurde es erst, wenn die Messe länger dauerte als erwartet …

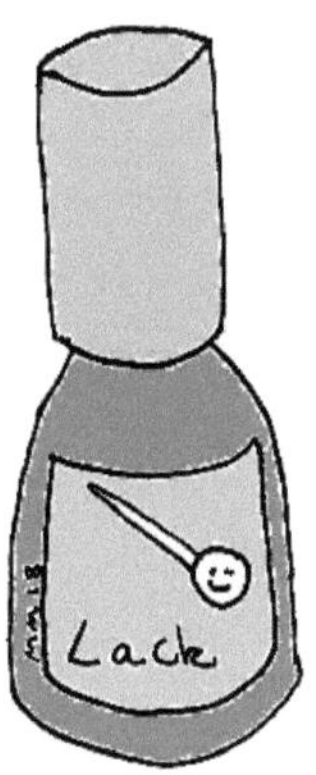

Naturgewaltiges

Feuer und Flamme

Um das zündelnde Element in den Mund zu nehmen, muss man kein Feuerschlucker sein: Auch beim Flirten wird gern »mit dem Feuer gespielt«, und wir »entflammen« für Ideen, die sich manchmal tatsächlich als »echte Dauerbrenner«, manchmal aber auch nur als ein kurz und heftig aufloderndes »Strohfeuer« erweisen.

Wenn wir jemandem »Feuer unterm Hintern machen« (früher sagte man vornehmer: »Feuer unterm Frack machen«), dann wollen wir, dass er durchstartet wie eine Rakete – beides natürlich nur im übertragenen Sinne!

Neuigkeiten und Fake-News verbreiten sich im Internet tatsächlich »wie ein Lauffeuer«, also wie ein flacher Bodenbrand, der keine ganzen Häuser, sondern nur trockenes Gras, Laub, Heidekraut und abgefallene Äste verheizt und deshalb wirklich in beachtlichem Tempo vorankommt.

Die Feuerprobe aufs Exempel

Wer aber für einen anderen Menschen oder für eine Wahrheit vertrauensvoll »die Hand ins Feuer legt« und vielleicht sogar »durchs Feuer geht«, der spielt auf einen Rechtsbrauch an, der im Mittelalter tatsächlich zu schmerzhaften Brandblasen führen konnte. Damals nämlich verließ man sich gern auf sogenannte Gottesurteile, bei denen die Wahrheit durch übernatürliche Zeichen ans Licht kommen sollte:

Wenn ein Angeklagter seine Hand eine Weile ins Feuer halten oder über heiße Eisen laufen konnte und sich dabei gar nicht oder nur sehr leicht verletzte, dann verschonte ihn Gottes Glut, weil er reinen Herzens und damit unschuldig war. Meist klappte das aber nicht hundertprozentig; dann las man eben am Grad der Verbrennungen den Grad des Verschuldens ab, und je schneller sie verheilten, desto unschuldiger war der mutmaßliche Delinquent.

»Die Feuerprobe bestehen« mussten früher aber nicht nur Menschen, sondern auch Metalle: Schon in der Antike wurde das, was zunächst nur wie Gold glänzte, ins Feuer gelegt, um seine Echtheit zu überprüfen.

Der schlaue Schmied und seine Eisen

Eisen dagegen wurde in den Schmieden ins Feuer gehalten, um daraus Waffen und Werkzeuge herzustellen. Besonders effektiv, nämlich zeit-, kraft- und materialsparend, konnte der Schmied arbeiten, der gleichzeitig »mehrere Eisen im Feuer«

hatte. Falls ihm ein Werk misslang, hatte er so gleich das richtig temperierte Material für den nächsten Versuch parat.

Historische Hausfrauen, die ihre Bügeleisen noch auf der Herdplatte erhitzen mussten, kannten diesen Trick ebenfalls und arbeiteten mit mehreren Eisen, die sie austauschen konnten, sobald eins davon beim Bügeln ausgekühlt war.

Wasser in aller Munde

Metaphern, die »nahe am Wasser gebaut sind«, gibt es ebenfalls viele. Oft erklären sie sich durch Erfahrungen, die jeder von uns mit dem nassen Element machen kann. Doch hinter manchem Wasserwort versteckt sich auch ein Seemann, Müller oder Hausdiener.

Meer macht mehr aus jedem

Wenn jemandem »das Wasser bis zum Halse steht« oder er sich »nur gerade so über Wasser halten kann«, dann ähnelt seine finanzielle Situation der eines beinahe Ertrinkenden. Vielleicht sollte er »den Sprung ins kalte Wasser wagen« und sich einen neuen, lukrativeren Job suchen, auch wenn er darin noch völlig unerfahren ist?

Er könnte zum Beispiel Seemann werden. Dann wird er bald »mit allen Wassern gewaschen« durchs Leben gehen. Die weit gereisten Seefahrer bewunderte man früher sehr für all die fremden Länder und Kulturen, die sie kennengelernt hatten – aber auch für ihr dabei antrainiertes Talent, in unvertrauten Situationen schnell und gewitzt zu reagieren. Hände und Gesicht waschen mussten sich die rauen Seebären hier und da aber natürlich auch; und manch einer nahm im Laufe seines Lebens tatsächlich in allen sieben Weltmeeren ein Bad.

Vom »Reichtum« des Mittelalters

Wenn wir sagen »X kann Y nicht das Wasser reichen« und damit meinen, dass X Y in Sachen Talent, Leistung, Wissen, Erfolg oder Attraktivität weit unterlegen ist, dann hat das ebenfalls mit Körperhygiene zu tun: Im Mittelalter aß man noch nicht mit Besteck, sondern mit den bloßen Fingern. Damit das nicht zu unappetitlich wurde, war es zumindest in vornehmeren Häusern wie an Fürstenhöfen üblich, dass Pagen den Speisenden vor und nach dem Mahl kleine Schalen mit Wasser zum Händewaschen reichten.

Doch längst nicht jeder Dienstbote durfte den Raum mit den hohen Herrschaften teilen! Wer zu ungehobelt oder zu dumm für die höhere Aufgabe als Tischdiener war, der konnte wirklich *niemandem* das Wasser reichen.

Oberwasser ist besser als Unterwasser

Wünschen wir unserem eingangs in Existenznöten fast Ertrinkenden stattdessen lieber, dass er bald wieder »Oberwasser hat« und eine vorteilhaftere Position einnimmt!

Über ganz konkretes Oberwasser freute sich früher jeder Müller, der statt einer Windmühle eine Wassermühle betrieb. Um Mehl zu malen, brauchte er nämlich wortwörtlich »Wasser auf seine Mühle«, und zwar Wasser, das sich *oberhalb* der Mühle im Mühlbach angestaut hatte. Das Unterwasser dagegen, das unter dem Mühlrad wegfloss, war zu diesem Zweck völlig wertlos.

Zu massiven Geschäftsschädigungen kam es dann, wenn der Mühlengraben mangels Regen kaum Wasser führte – oder wenn jemand so gemein war, dem Müller »das Wasser abzugraben«!

Potzblitz und aufgedonnert!

Feuer und Wasser, Donner, Blitz und Regenflut sind ebenso eindrucksvolle wie unberechenbare Naturgewalten, die uns Menschen schon seit Urzeiten begleiten. Und das hört man uns auch an! Etwa dann, wenn wir sagen, dass uns ein überraschendes Ereignis »wie ein Blitz aus heiterem Himmel« getroffen hat oder dass eine spektakuläre Neuheit »einschlägt wie der Blitz«. Wortspiele, die nach Gewitter klingen, haben jedoch längst nicht immer mit dem Wetter zu tun. Es kann auch um Schusswaffen oder vornehme Damen gehen.

Entflammt, doch nicht erhört?

»Jemanden abblitzen zu lassen«, ihn also so schroff und unvermittelt zurückzuweisen, dass er »aus allen Wolken« fällt und schreckensstarr »wie vom Blitz getroffen« dasteht – das funktioniert auch ohne Donner und Regen.

»Abblitzen« nannte man ursprünglich nämlich eine bis ins 19. Jahrhundert hinein häufig auftretende Panne im Waffengebrauch: Bei alten Gewehren brannte die Lunte oft blitzartig bereits in der Gewehrpfanne ab, ohne dass der Schuss sich löste und wie gewünscht ins Ziel treffen konnte.

Italienisch overdressed?

»Aufgedonnerte«, also auffällig geschmacklos gekleidete und geschminkte Frauen dagegen erzielen manchmal zwar durchaus ähnlich gewaltige, überspannte und grelle Effekte wie ein Gewitter – doch mit der grollenden Begleitung der Blitze haben sie nichts zu tun.

Dieser Begriff leitet sich vielmehr von dem italienischen Wort
»donna« her und bedeutete ursprünglich im positiven Sinne,
dass jemand sehr vornehm, also »wie eine Dame« gekleidet
war. Die spöttische Bedeutung entwickelte sich erst im Laufe
der Zeit.

Vom Dach auf den Deckel

Bei einem Gewitter mit starken Niederschlägen schweben wir
verstärkt in Gefahr, ganz konkret »vom Regen in die Traufe zu
kommen«, also aus einer üblen Situation heraus in eine noch
unangenehmere zu geraten.

Als »Traufe« bezeichnet man den unteren Rand eines Da-
ches, von dem, wenn hier keine schützende Dachrinne ange-
bracht ist, die Regentropfen zu einem wahren Wasserfall ge-
bündelt herunterschütten. Wer hier also Schutz vor einem
Regenschauer sucht, der stellt sich am denkbar falschen Ort unter – und wird erst recht nass bis auf die Knochen.

Tollpatschig in Bredouille

Dass man den bei Regenwetter entstandenen Matsch und
Dreck nicht in den Mund nehmen sollte, weiß jedes Kind.
Sprichwörtlich tun wir es aber dennoch gern. Vor allem dann,
wenn wir in eine schwierige, ärgerliche Lage geraten …

Französischer Matsch für Fortgeschrittene

Vornehm ausgedrückt sind wir dann »in der Bredouille«. Das bedeutete ursprünglich auf Französisch »im Dreck«, sagt der Duden, um dann sogleich zu bemängeln: »Weil es eine im Deutschen ungewöhnliche Lautfolge aufweist, wird es häufig falsch ausgesprochen oder geschrieben.« Als »Bredulje«, zum Beispiel.

Im Französisch-Wörterbuch findet man heute unter »bredouille(r)« allerdings entweder »unverrichteter Dinge« beziehungsweise »mit leeren Händen« dastehen oder »unverständlich sprechen, stottern, murmeln, wirres Zeug reden«. Mit »berdouille« konnten dudenfreundliche Sprachwissenschaftler jedoch zumindest für Nordfrankreich ein ähnlich klingendes altes Wort für Schlamm und Dreck nachweisen.

Bredouille nannte man aber auch eine besondere Spielsituation beim Backgammon-Vorläufer Tricktrack, bei der die vorteilhafte Position des einen Spielers den Gegenspieler in eine festgefahrene Situation brachte. Ganz matschfrei trug das im 17. und 18. Jahrhundert in Frankreich und Deutschland gleichermaßen beliebte Brettspiel so zur Verbreitung der Redewendung bei.

Patsche, Patsche …

Wer dagegen auf gut deutsch einfach nur »in der Patsche sitzt«, der gebraucht tatsächlich ein altes lautmalerisches Wort für den Matsch, in den man – begleitet von platschenden Geräuschen – auf nasser, aufgeweichter Straße leicht einmal hineinrutschen kann.

Mit dem Fuß in der Pfütze – auf Ungarisch

Ein »Tollpatsch« ist dann also ein eindrucksvoll ungeschickter Mensch, der sehr oft stolpert und in den Pfützen landet? Nein, »Tolpatschen« nannte man ursprünglich die Infanteristen des ungarischen Heers. Diese nämlich trugen statt Schnürstiefeln nur breite, mit Schnüren befestigte Sohlen an den Füßen und erhielten ihren Spitznamen nach dem ungarischen Wort »talp«, das Sohle oder Fuß bedeutet.

In deutschen Ohren klang »talp« dann so sehr nach dem »Tölpel«, der laut »patschend« durchs Leben geht und dadurch manchmal etwas verrückt (= »toll«) wirkt, dass sich die Wortbedeutung entsprechend veränderte.

So ein »Schlimm-Glück«

Auch der (oder das) sinnverwandte »Schlamassel«, in den man durch widrige Umstände leicht geraten kann, hat nicht unmittelbar mit »Schlamm« zu tun. In dieser Wendung gingen vielmehr das jiddische Wort »mazl« oder »Massel«, das »Glück« beziehungsweise »Geschick« bedeutet, und das neuhochdeutsche »schlimm« eine eher pannenträchtige Verbindung ein.

Das freut den Schneekönig!

Der Schneekönig, der sich so von Herzen freuen kann, ist weder der Vater von Schneewittchen, noch lässt er wie Frau Holle im Winter die weißen Flocken vom Himmel rieseln. Stattdessen baut er kugelige Nester und ernährt sich von Insekten. Denn »Schneekönig« ist der Zweitname eines Vogels, den wir alle als

Zaunkönig kennen. Der Zaunkönig zieht im Winter nicht in den Süden, sondern muntert uns auch noch bei klirrender Kälte mit seinem melodischen Gesang auf. Und weil er dadurch so unerschütterlich fröhlich wirkt, wurde der kleine Sänger zum Inbegriff glücklicher Menschen.

Eseleien auf dem Eis

Auch andere Tiere sind im Winter auffallend gut gelaunt. Der Esel zum Beispiel. Dem ist es jetzt manchmal sogar *zu* wohl, und dann geht er aufs Eis. Was macht er denn da? »Tanzen« ergänzen manche diese Redensart. Oder auch: »und bricht sich ein Bein«. Hufe sind nun einmal keine Schlittschuhe. Wer übermütig wird oder sich selbst überschätzt, kann leicht in Gefahr geraten und Schaden nehmen. Doch das sieht der allgemein ja als recht stur und eigensinnig bekannte Esel nicht ein; und seine zweibeinigen Gegenstücke auch nicht ...

Aufs Glatteis kann man sich aber nicht nur selbst begeben, sondern man kann auch von jemandem auf selbiges geführt werden. Und beides kann durchaus auch im heißen

Hochsommer passieren. Doch egal, ob man sich nun selbst in eine unsichere, heikle Situation hineinmanövriert oder hereinlegen und verunsichern lässt – wie ein Esel fühlt man sich daraufhin auf jeden Fall!

Kalte Füße und Eisbeine

Da ist es schon besser, rechtzeitig »kalte Füße« zu bekommen und sich mit diesem Argument aus der Gesprächsrunde zurückzuziehen. »Eisbeine« müssen es ja nicht gleich werden.

Das Eisbein, das auf dem Teller weitaus beliebter ist als am eigenen Leib, verdankt seinen Namen übrigens tatsächlich wintersportlichen Vergnügungen: Der Knochen im deftigen Braten wurde früher als Schlittschuhkufe weiterverwertet.

Grün ist die Hoffnung

... dass auf den kalten Winter bald wieder ein Frühling folgt. Denn Grün ist die vorherrschende Farbe der Natur, der Pflanzen und des frischen Wachstums.

Die Seite des Herzens – lobet den Klee!

Im Mittelalter verstand man die Farbe Grün auch als Sinnbild für die keimende und sprießende Liebe. Vor diesem Hintergrund entstand die Wendung »Komm an meine grüne Seite«, also an die Seite, auf der mein *Herz* für dich schlägt; und auch deren Gegenteil, nämlich die Vorstellung, »jemandem nicht grün zu sein«, ihn also *herzlich wenig* zu mögen.

Wenn man einander jedoch »über den grünen Klee lobt«, dann geht das zu weit, dann übertreibt man seine Zuneigung so sehr, dass es gekünstelt statt natürlich wirkt.

Alles okay im Bereich! Bis es rot wird …

Die grüne Frühlingsnatur zeigt uns alle Jahre wieder, dass soweit alles in Ordnung ist, dass das Leben nach dem kargen Winter wieder neu beginnt. »Alles im grünen Bereich« sagt Mutter Natur da sozusagen. Dieses Signal hat uns Menschen so sehr überzeugt, dass wir unsere technische Welt ebenfalls nach diesem Muster funktionieren lassen: Begonnen bei der Verkehrsampel, die uns »grünes Licht« und damit die Fahrerlaubnis gibt, bis hin zu zahllosen Messskalen, Kontrollgeräten und Automaten, bei denen Grün anzeigt, dass alles normal, unproblematisch und ordnungsgemäß funktioniert.

Rot, die Komplementärfarbe zu Grün, signalisiert demgegenüber Gefahr, Verbot, Funktionsstörung oder Ausnahmezustand. So gesehen ist es recht interessant, dass wir heute eher sagen: »rot ist die Liebe«, statt sie uns, wie im Mittelalter, grün vorzustellen …

Das wird schon, lieber Grünschnabel!

Manchmal ist Rot aber auch besser als Grün, hält Mutter Natur dem entgegen. Beeren und andere Früchte etwa sind oft noch unreif und ungenießbar, solange sie grün statt rot sind.

Auch das übernahm die Menschenwelt: Wer noch keine Lebenserfahrung gesammelt hat, ist »noch grün hinter den Ohren«, ein »Grünschnabel« eben. Gerade so ein »grüner Junge« – oder, auf Westerndeutsch, ein »Greenhorn« – muss sich anstrengen, sonst kommt er »auf keinen grünen Zweig«.

Den Zweig als Zeichen dafür, dass man es im Leben zu etwas gebracht hat, hielt man früher tatsächlich in Händen; denn es war Brauch, dass jeder, der Grundbesitz erwarb, vom vorherigen Eigentümer eine kleine Rasenscholle mit einem darin eingesteckten Zweig überreicht bekam.

Unkraut vergeht nicht

Jeder Kleingärtner weiß, dass er seine Beete noch so akribisch beharken kann – irgendwo sprießt doch bald wieder etwas Ungeplant-Wildkrautiges. Löwenzahn zum Beispiel. Doch da sagt der selbstbewusste Gärtner sogleich:

»Das ist ja nur ein Pappenstiel für mich!«

In der Tat. Denn der »Pappenstiel« als Synonym für eine Kleinigkeit oder Lappalie leitet sich vom niederdeutschen Namen des Löwenzahns, »Pappen-« oder »Pfaffenblume«, her – in Kinderkreisen auch »Pusteblume« genannt.

Weil sich der Samenstand des Löwenzahns so leicht vom Stängel blasen lässt, gilt diese Pflanze seit jeher als Sinnbild des Vergänglichen und Banalen.

Das etwas gruselige Gras

Wer über eine Sache »Gras wachsen lässt«, der lässt ein Problem ganz einfach vor den Augen der Welt verschwinden. Die Beute vom letzten Bankraub zum Beispiel – oder Schlimmeres? Vielleicht sogar jemanden, der durch sein Verschulden »ins Gras gebissen hat«, also gestorben ist?

Schon in der antiken Ilias und Aeneis ist überliefert, dass die auf dem Schlachtfeld sterbenden Heroen vor Schmerz in den Boden bissen, auf dem sie lagen. Im deutschen Sprachraum hat man jedoch zumindest das Glück, sich in freundlichem Grün von der Welt verabschieden zu können. Nach der englischen oder der französischen Variante des Sprichworts (»to bite the dust« beziehungsweise »mordre la poussière«) dagegen wird in den harten, trockenen Staub gebissen.

»Das Gras wachsen hören« aber, also vorab in die vielleicht etwas schwierige Zukunft schauen – das kann normalerweise doch kein Mensch? Stimmt! Doch Heimdall, der aufmerksame und sensible Götterwächter aus der nordischen Mythologie, der konnte das, sagt die uralte Überlieferung der germanischen Edda-Sage. So wurde er zum Schirmherrn aller Spürnasen.

Ohne Moos? Nix los!

Wenn in der Natur etwas »Moos ansetzt«, dann erkennen wir unmittelbar, dass Bäume oder Gemäuer schon sehr alt sind. Genauso angemodert können – sinnbildlich gesprochen – auch eingefahrene Vorstellungen oder Lebensweisen sein.

Doch was ist mit »Moos haben«, also gut bei Kasse sein? Bedeutet das: Moos ist weich, und entsprechend angenehm liegt man darauf? Nein, diese Redewendung hat völlig unbotanische Wurzeln. Sie geht nämlich auf das jiddische Wort »moes« für »Geld« beziehungsweise auf Hebräisch »ma'oth« für »Kleingeld« zurück.

Holz vor die Hütte!

Wer »den Wald vor lauter Bäumen nicht sieht«, der gerät ziemlich leicht »auf den Holzweg«. Denn vor lauter Einzelheiten mangelt's erheblich an Überblick, man bemerkt das Offensichtliche nicht mehr – und steuert munter auf eine Lösung zu, mit der man dann nicht weit kommen wird.

Auf dem Holzweg – im Wald voller Bäume?

Holzwege sind nicht etwa klapprige Brücken, die sich über tiefe Abgründe spannen, sondern tatsächlich ganz solide, breite Pfade im Wald, die schon seit dem Mittelalter durch den Abtransport gefällter Bäume mit Pferdefuhrwerken entstanden sind. Das Dumme an diesen Wegen ist nur, dass sie natürlich genau da enden, wo die letzten Bäume gefällt wurden – also mitten im Wald. Hier müssen Wanderer, die bisher dem einladend breiten Pfad gefolgt sind, um zum nächsten Ort zu gelangen, dann ärgerlicherweise einsehen, dass sie so garantiert nicht zum Ziel gelangen werden, und wieder umkehren. Nicht umsonst also heißen diese Wege in der forstwirtschaftlichen Fachsprache auch »Rückeweg«!

Derb Rustikales – splitterfasernackt

Ebenso landwirtschaftlich-konkrete Wurzeln wie der sprichwörtliche Holzweg hat auch das scherzhafte sprachliche Bild, dass Frauen mit eindrucksvoller Oberweite ordentlich »Holz vor der Hütte« haben. Pate standen hier die vor Bauernhäusern oft zu wahrlich gewaltig hohen Stapeln aufgeschichteten Holzscheite, die man im Winter zum *Einheizen* braucht.

Und wenn wir nun schon bei den holzsprachlichen Schlüpfrigkeiten angelangt sind: »Splitterfasernackt« stehen wir – in Anlehnung an die Bäume – auch schon seit dem 15. Jahrhundert in so manchen (erotischen oder weniger erotischen) Situationen da.

Das Urwort dazu war sehr wahrscheinlich »splinternaket« und leitet sich daher vom »Splint« her, das heißt von der Bastschicht, die zwischen der Rinde und dem Stamm eines Baumes liegt. In der Tat: Erst wenn nicht nur die Rinde, sondern auch noch der Splint fehlen, dann steht ein Baum wirklich »ausgezogen bis aufs Holz« vor uns!

Dazu schweigt der Wald

Deutlich abstrakter ist da der schon in der Antike, etwa bei O-
vid, beliebte Aphorismus vom »Wald, den man vor lauter Bäumen nicht sieht«. Zur Zeit der Aufklärung wurde diese Meta-
pher durch verschiedene Schriften des Dichters Christoph
Martin Wieland (1733-1813) zu einem geflügelten Wort.

Das sinnbildliche »Schweigen im Walde« machten dann ab
Ende des 19. Jahrhunderts gleich mehrere verschiedene Kunst-
formen nacheinander populär: zunächst das gleichnamige Gemälde von Arnold Böcklin (1827-1901), dann Ludwig Ganghof-
ers ebenfalls gleichnamiger, 1899 veröffentlichter Roman und
schließlich der darauf basierende Heimatfilm von Helmut Weiss
(1955).

Diese Wendung besagt nicht etwa, dass nun alle Wanderer
den Holzweg verlassen haben und klüger sind, sondern sie be-
schreibt im Gegenteil Momente der verlegenen Unwissenheit –
etwa die Reaktion einer ganzen Schulklasse auf eine schwierige
Frage des Deutschlehrers ...

Die Weisheiten der Steine

Treffsichere Worte bringen so manchen »Stein ins Rollen«. Dabei kann es sich jedoch um Steine von sehr unterschiedlicher
Größe, Art und Herkunft handeln.

Uralt, bereichernd und alchemistisch

Wer »steinalt« wird, lebt sinnbildlich so lange wie das Jahrmil-
lionen alte Urgestein der Erde. »Steinreich« dagegen ist man

nicht, wenn man Berge von Geröll besitzt; hier sollten es schon Edelsteine im Kaufmannssäckel sein.

Zu bemerkenswertem Reichtum kann man es jedoch auch bringen, wenn man den »Stein der Weisen« findet. Denn der hat – jedenfalls nach Ansicht spätantiker, mittelalterlicher und neuzeitlicher Alchemisten – unter anderem die wundersame Fähigkeit, unedles Quecksilber in kostbares Gold zu verwandeln.

Bibelsteine: Wer wirft den ersten?

Ganz normale Steine in handlicher Größe dagegen verwendete man früher zum Zwecke der Steinigung – einer ebenso brutalen wie weit verbreiteten Form der Todesstrafe, die nach den Geboten Mose unter anderem für Ehebruch verhängt wurde.

Das Neue Testament (Johannes 8,1-11) berichtet, dass einst die Schriftgelehrten und Pharisäer eine auf frischer Tat ertappte Ehebrecherin zu Jesus am Ölberg brachten und ihn fragten, ob sie diesem Gebot Genüge tun sollten. Jesus malte zunächst rätselhafte Zeichen in den Sand und antwortete dann: »Wer unter euch ohne Sünde ist, der werfe den ersten Stein auf sie.« Da zogen sich die Ankläger einer nach dem andern verschämt zurück, denn das konnte keiner von sich behaupten.

Schließlich sind Jesus und die Frau allein. Er vergibt ihr und ermahnt sie, künftig nicht mehr zu sündigen. Sie soll also keinen neuen »Stein des Anstoßes« (oder gar einen »Fels des Ärgernisses«!) erschaffen, von denen ebenfalls in der Bibel, jedoch in anderen Zusammenhängen die Rede ist (Jesaja 8,12 und 1. Petrus 2,8).

Das Buch der Bücher ist es auch, in dem »kein Stein auf dem anderen bleibt« und alles dem Erdboden gleich gemacht wird. Dieses Schicksal prophezeit Jesus dem Tempel von Jerusalem (bei Matthäus 24,2 und Lukas 19,41), und die Geschichte gab ihm recht.

Reimsteine, auf die man schwören kann

Mit der Hand auf der Bibel schwören US-Bürger bis heute vor Gericht, dass sie die Wahrheit sagen. Früher wurden wichtige Eide direkt in der Kirche abgelegt. Mit der Schwurhand auf dem Altarstein, unter dem sich meist ein Reliquienschrein mit den Gebeinen von Heiligen befand, wurde hier wortwörtlich auf »Stein und Bein geschworen«, dass man ehrlich und wahrhaftig war. Vor den Christen legten übrigens schon die alten Germanen beim Schwur die Finger auf einen heiligen Stein. Neu war also nur das (Ge)Bein.

An dieser im Prinzip ja einleuchtenden Erklärung der Redewendung fehlt einigen Sprachforschern jedoch die einleitende Präposition – schließlich schwört man ja nicht einfach so, sondern immer »auf« oder »bei« etwas. Vielleicht entstand der Spruch also nur, weil Stein und Bein gleichermaßen einprägsame Symbole für Dauerhaftigkeit und Bruchfestigkeit sind – und sich obendrein so schön reimen?

Solche sogenannten Paar- oder Zwillingsformeln mochte man im Mittelalter generell ausgesprochen gern, auch als Alliteration: Statt querfeldein ging man damals lieber »über Stock und Stein«, also über alle Hindernisse hinweg, die sich auf dem naturbelassenen Waldboden in Form von Wurzelstümpfen, Geäst und Gesteinsbrocken anhäuften.

Mit Grenzüberschreitungen hat der Spruch vom Sinn her also eher nichts zu tun – auch wenn manche Nachforscher ihn in Beziehung zu dem Umstand setzen, dass Gemeindegrenzen früher mit Stöcken und Landesgrenzen dann mit Steinen markiert wurden. Es trifft aber eben nicht alles, was passt.

Spielsteine – im und auf dem Brett

Ob Gebirge, Flusskiesel oder Backstein im Mauerwerk: Steine sind eine sehr solide und handfest (be)greifbare Sache. Doch wie soll man sich das konkret vorstellen, wenn man »bei jemandem einen Stein im Brett hat«, also dessen besonderes Wohlwollen genießt?

Liegt dann ein persönlicher ›Pluspunkt-Kieselstein‹ im ›Sympathie-Regal‹ des anderen? Eher nicht. Hinter dieser Wendung steckt vielmehr ein im mittelalterlichen Deutschland sehr beliebtes Brettspiel – Tricktrack, Puff oder Wurfzabel genannt –, aus dem unser heutiges Backgammon hervorging. Vom Prinzip her wurde dieses Spiel schon im alten Ägypten, Persien und Indien gespielt und gelangte zur Zeit der Kreuzfahrer nach Nordeuropa.

Beim Wurfzabel hatte derjenige Spieler gute Gewinnchancen, der auf den keilförmigen Spielflächen zwei nebeneinander liegende Felder mit seinen Spielsteinen belegen und so den Gegner blockieren konnte. Diese günstige Stellung der Steine auf dem Spielbrett wurde dann zum Sinnbild für gute Erfolgsaussichten schlechthin.

Die Redensart »Ich hab eyn guten steyn im brette« wird schon 1529 in einer Sprichwörtersammlung von Martin Luthers engem Vertrauten Johannes Agricola erwähnt. Der Zusatz »bei jemand« aber kann erst später hinzu – und mutet zunächst etwas absurd an: Ein echter Spielgegner bei einem echten Wurfzabel-Spiel würde doch eher verärgert als wohlwollend reagieren, wenn man ihm mit den eigenen guten Steinen im Brett den Weg zum Ziel blockiert, oder?

Wahrscheinlich steckt hinter dieser Ergänzung eher die Vorstellung, dass bei der Tricktrack-Blockade ein Stein dem anderen wie ein guter Freund zur Seite steht. Im Idealfall erweist sich dieser menschliche Mitstein sogar als ein Gönner, der einen

»bei Hofe ins Spiel bringt«, also in der gesellschaftlichen Oberliga bekannt und angesehen macht, oder der uns in prekären Situationen so hilfreich unterstützt, dass uns »ein Stein vom Herzen fällt«.

Mond und Sterne

Weit, weit von der Erde mit ihren Wetterlaunen, Gewächsen und Mineralien entfernt leuchten die Gestirne am Nachthimmel. Ihr Anblick regte seit jeher die menschliche Fantasie an und inspirierte zu so mancher hochfliegenden Redensart.

So hoch wie möglich gegriffen!

Wer vor lauter Ehrgeiz »nach den Sternen greift« oder aus Liebe für jemanden »die Sterne vom Himmel holen« will, der ist bereit, Unerreichbares zu erreichen.

Völlig zwecklos ist es jedoch, einen so weit entfernten Himmelskörper wie »den Mond anzubellen« – denn der hört das ja ebenso wenig wie ein Mensch, der komplett ignoriert, dass wir gerade mit ihm reden oder schimpfen.

Wenn wir daraufhin schließlich wütend sagen »Ich könnte dich auf den Mond schießen!«, dann wünschen wir diesen frustrierenden Gesprächspartner so weit weg aus unserem Leben wie irgend möglich.

Das Mondkalb vom anderen Stern

Eindeutig »von einem anderen Stern« kommen für uns Zeitgenossen, die so ungewöhnlich, exzentrisch und leicht verrückt wirken, dass sie schlicht »nicht von *dieser* Welt« sein können.

Wenn jemand dagegen »hinter dem Mond lebt«, dann hat er zumindest eine mangelhafte Kenntnis von den aktuellen Entwicklungen auf unserem Heimatplaneten; denn da die Rückseite des Mondes ja permanent von der Erde abgewandt ist, entgehen einem dort zwangsläufig die neuesten Ereignisse. Man ist also rückständig und unmodern.

Auf der dunklen Seite des Mondes leben folglich die »Mondkälber«, als die wir dumme, begriffsstutzige Menschen bezeichnen? Nicht ganz. Der Begriff »Mondkalb« wurde im 16. Jahrhundert geprägt, weil man Missbildungen bei Hausrindern damals auf einen schädlichen Einfluss des Mondes zurückführte. Die Übertragung auf den Menschen mag dann mit dem alten Aberglauben zusammenhängen, dass jemand, der zu lange in den Mond schaut, davon leicht verblöden kann.

Promis und Prognosen: Aufgehende Unsterne

Beim Aufschauen zu den blinkenden Sternen sehen wir Herausragendes; vergleichbare »Stars« finden sich auf Erden nur in Prominentenkreisen, meinen wir. Wenn jemand zunehmend

Erfolg hat und gerade auf dem Weg ist, bekannt und berühmt zu werden, dann sagen wir entsprechend: »Sein Stern geht auf.« Oder: »Mit ihm geht ein neuer Stern (am Schlagerhimmel oder sonst wo) auf.« Doch wenn seine Bedeutung wieder abnimmt, dann »sinkt sein Stern« genauso sprichwörtlich, bis er schließlich ganz untergegangen ist.

Letzteres passiert meist dann, wenn eine Karriere von Anfang an »unter keinem guten Stern steht«– oder vielleicht sogar unter einem »Unstern«? Menschen dagegen, die »unter einem Glücksstern geboren« sind, erreichen sogar ein Leben lang alles, wonach sie streben.

Dass wir die Sterne so gern als Synonym für unser Schicksal herbeizitieren, hängt sicher nicht zuletzt mit dem nun schon gut 4000 Jahre alten Bemühen der Astrologie zusammen, die Zukunft am Lauf der Gestirne abzulesen. Doch so ganz trauen wir der Sache offensichtlich nicht, denn mit den Worten »Das steht in den Sternen!« bringen wir ja im Gegenteil zum Ausdruck, dass das Ergebnis einer Entwicklung *vollkommen ungewiss* ist.

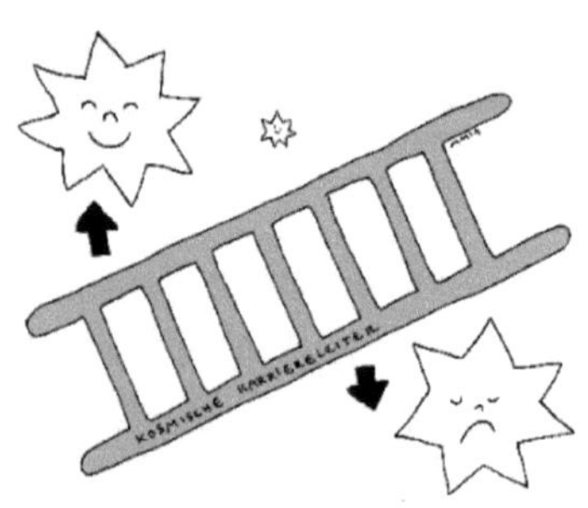

Namhafte Namen

Kennen Sie Ihre Pappenheimer?

»Mein lieber Scholli! »Hansdampf in allen Gassen ist »frech wie Oskar, der »geht ja ran wie Blücher! Ist das – »nach Adam Riese – wirklich der »wahre Jakob?

Hinter den Namen, die wir in unseren Redewendungen gebrauchen, verbirgt sich ein ausgesprochen buntes Völkchen!

Wieder mal Krethi und Plethi getroffen?

Dann hatten Sie die Ehre mit den Leibwachen des alttestamentarischen Königs David, die im 2. Buch Samuel (8,18) erwähnt werden. Bei späteren Bibelübersetzungen war allerdings nicht mehr ganz klar, was diese Worte genau bedeuteten: Handelte es sich hier um Kreter und Philister, also um Angehörige anderer Volksstämme? Oder um die Scharfrichter und die Eilboten Davids (was von hebräisch »krethi« = »töten« und »plethi« = »davoneilen« abgeleitet sein soll)? Auf jeden Fall um ein buntes Gemisch aller möglichen Leute!

Hans und Kunz Normalverbraucher

Doch auch Hinz und Kunz sind unterwegs. Das waren sie schon im Mittelalter (erstmals belegt um 1300), als Heinrich (= Hinz) und Konrad (= Kunz) derart beliebte Vornamen waren, dass fast die ganze Stadt so hieß.

Im 16. Jahrhundert dagegen war dann der Name Hans (bzw. Johannes) so populär, dass tatsächlich in jeder Gasse mindestens einer davon anzutreffen war. Daher wurde der Name schließlich auch synonym für den Menschen schlechthin gebraucht; so etwa in den Märchen vom Hans im Glück oder von Hänsel und Gretel (hier begleitet von seinem weiblichen Pendant, der Margarete). In diesem Sinne gilt also bis heute längst nicht nur für Hans, sondern auch für Klaus und Petra, Paul und Maria: »Was das Hänschen nicht lernt, das lernt der Hans nimmermehr!«

Hansdampf im Speziellen ist ein ganz besonders umtriebiger Hans, der meint, über alles und jeden Bescheid zu wissen. Deshalb empfindet ihn so mancher auch als »Prahlhans«, ganz wie ein englischsprachiges Gegenstück, den »Jack of all trades (and master of none)«. Und wenn »Schmalhans Küchenmeister«, der Koch also von auffällig dürrer Statur ist, dann wird es auch für alle anderen nur wenig zu essen geben.

66

Der Durchschnittsbürger »Otto Normalverbraucher« dagegen ist eine recht moderne Erfindung. Er geht auf eine Figur aus dem Nachkriegsfilm *Berliner Ballade* (1948) zurück, die von Gert Fröbe gespielt wurde.

Der Name Otto leitet sich zwar von »ot«, dem althochdeutschen Wort für Besitz, ab und bedeutet daher »der Begüterte« – doch wer auf den Lebensmittelkarten der Besatzungszeit als »Normalverbraucher« ausgewiesen wurde, der erhielt (anders als z. B. Schwangere oder Kriegsversehrte) nun eben gerade keinerlei Vergünstigungen, sondern nur die Minimalration.

Historische Haudegen

»Daran erkenn' ich meine Pappenheimer«, lässt Schiller seinen Wallenstein im gleichnamigen Stück sagen. Und das war ursprünglich gar nicht spöttisch, sondern als großes Lob gemeint: Die historischen Pappenheimer waren ein nach ihrem Befehlshaber, dem Grafen Gottfried Heinrich zu Pappenheim (1594-1632), benanntes Kürassierregiment im Dienste der

Habsburger. Sie galten im Dreißigjährigen Krieg als besonders tapfer, treu und mutig.

Wer dagegen »rangeht wie Blücher«, der eifert dem preußischen Generalfeldmarschall Gebhard Leberecht von Blücher nach, der sich unter anderem in der Schlacht an der Katzbach (1813) durch seine offensiven und entschlossenen Strategien hervortat. Seinerzeit wurde Blücher daher auch »Marschall Vorwärts« genannt.

Casanova und der uralte Methusalem

Ein sprichwörtlicher »Casanova« dagegen tritt in die Fußstapfen des Giacomo Girolamo Casanova (1725-1798), der durch die literarische Schilderung seiner zahlreichen Liebschaften zu nachhaltigem Ruhm gelangte. Ob man auf diese Weise vielleicht auch »alt wie Methusalem« wird?

Das ist ein recht unbescheidener Wunsch, denn Noahs Großvater Methusalem lebte stolze 969 Jahre, berichtet das Alte Testament. Damit hält er – vor Noach (950 Jahre) und Adam (930 Jahre) – den absoluten Rekord in Sachen »biblisches Alter«. Diese wirklich eindrucksvolle Länge des Lebens könnte allerdings auf Schreibfehler bei der Übersetzung der Heiligen Schrift zurückgehen, die mit der Umstellung vom Mond- auf den Sonnenkalender zusammenhängen: Vielleicht hat Methusalem auch nur 969 Mondperioden (also Monate) gelebt? Das ergäbe dann umgerechnet rund 80 Sonnenjahre, also ein aus heutiger Sicht ganz normales Alter.

Der dicke Wilhelm und der große Zampano

Egal aber, ob 969 oder nur 80 Jahre – hält man es so lange durch, stets »den großen Zampano raushängen zu lassen«? Diesen Inbegriff des Prahlers, der sich lautstark inszeniert und behauptet, er könne sogar das Unmögliche möglich machen, verdanken wir definitiv einer fiktiven Figur, nämlich dem Jahrmarktskraftprotz Zampano, der in Federico Fellinis Film *La Strada* (1954) von Anthony Quinn verkörpert wird.

Unklarer ist schon, wen genau wir kopieren, wenn wir »den dicken Wilhelm markieren«. Diese – inzwischen etwas angestaubte – Wendung könnte sich auf den Spitznamen »Willem« beziehen, mit dem man früher den wohlgenährten Holländer schlechthin bezeichnete. (Genauso pauschal sprach man dann auch vom spießig-schlafmützigen deutschen Michel oder vom lebensfrohen französischen Jaques.)

Wilhelm hießen im 17., 18. und 19. Jahrhundert allerdings auch zahlreiche nicht minder gut gesättigte deutsche Fürsten. Als Namenspate der Redewendung käme aus dieser Runde insbesondere der wirklich ausnehmend füllige und verschwenderische König Friedrich Wilhelm II. von Preußen infrage.

Scholli und Oskar

»Mein lieber Scholli!« rufen wir aus, wenn solche selbsternannten Größen auftrumpfen und uns damit entweder positiv oder negativ überraschen. Doch wer ist Scholli?

Spielt diese Wendung auf den historischen Ferdinand Joly (1765-1823) an, ein österreichisches Original, das als Student aus unklaren Gründen von der Salzburger Universität verwiesen wurde und fortan singend, volkstümliche Theaterstücke und Lieder dichtend und schauspielernd durchs Land vagabundierte? Oder wurde hier einfach nur das französische Adjektiv »joli« (= »hübsch«) etwas eigenartig eingedeutscht, etwa mit der Bedeutung: »Na, mein Hübscher, da hast du dir aber was geleistet!«? Da weiß die Sprachforschung auch nicht weiter.

Und genauso offen bleibt bisher, ob ein Auftreten »frech wie Oskar« sein Vorbild in realen Frechlingen wie dem derben Leipziger Original Oscar Seifert, einem Jahrmarktverkäufer und Schausteller (1861-1932), dem spitzzüngigen Berliner Kritiker Oscar Blumenthal (1852-1917) oder dem provokativen irischen Schriftsteller Oscar Wilde (1854-1900) hat; oder ob hier vielleicht einfach das jiddische Wort »Ossoker« (= »Frecher«) zum Namen verbogen – und damit doppelt gemoppelt – wurde.

Gretchens Frage

Die Erfinderin der Gretchenfrage dagegen heißt korrekterweise Margarete und ist die weibliche Hauptfigur in Goethes Faust. Ihre berühmte Frage an den Titelhelden lautet: »Nun sag, wie hast du's mit der Religion?« (Goethe, *Faust. Der Tragödie erster Teil, Vers 3415*) Das klingt für uns Zuschauer (die wir ja wissen, dass Faust gerade einen Pakt mit Mephisto, also mit dem Teufel eingegangen ist) zunächst natürlich unendlich naiv ... doch letztendlich stellt Gretchen damit die entscheidende Gewissens- und Schicksalsfrage, um die sich das ganze Drama dreht.

Die Minna macht sich!

»Zur Minna machen« (also demütigen oder zurechtweisen) lässt Gretchen sich ob ihrer Unwissenheit jedoch noch lange nicht! Sie ist ja schließlich keine Hausangestellte aus Kaiser Wilhelms Zeiten (1888-1918), in dessen Ära derart viele Frauen Wilhelmine hießen, dass die dazugehörige Kurzform »Minna«

sich als pauschale Berufsbezeichnung für Dienstmädchen schlechthin einbürgerte. Und die wurden damals – jedenfalls der Redewendung nach – offensichtlich ziemlich häufig schikaniert.

Des wahren Jakobs Wege

»Der wahre Jakob« sind solche Umgangsformen natürlich nicht. Doch wer ist dann ein echter Jakob, wer oder was trifft den Kern der Sache am besten?

Schon im Mittelalter stritt man darüber, ob die Kathedrale in Santiago de Compostela wirklich das wahre Grab, die wahren Gebeine des Heiligen Jakobus beherbergte, und bis heute zweifelt die Forschung daran, ob der Schutzpatron aller Pilger wirklich in Spanien beerdigt wurde.

Doch früher wusste man diese Ungewissheit ausgesprochen pfiffig auszunutzen: Neben Santiago de Compostela beanspruchten noch zahlreiche weitere Städte diese Ehre für sich, um lukrative Pilgerströme anzuziehen; und alle behaupteten natürlich, dass ihr Jakob der einzig wahre sei!

Adam Rieses Rechnungen

Nach Adam Riese kann es die heiligen Gebeine, die vollständigen Reliquien des Heiligen Jakobs jedoch nur einmal geben. Adam Riese war nicht etwa ein bemerkenswert großwüchsiger Stammvater der Menschheit, sondern der Vater der modernen Mathematik.

Dem deutschen Rechenmeister (1493-1559), dessen Lehrbuch *Rechenung auff der linihen und federn* bis ins 17. Jahrhundert hinein sehr populär war, verdanken wir es unter anderem, dass die zuvor gebräuchlichen, umständlichen römischen

Zahlen, mit denen sich kaum rechnen ließ, durch die weitaus zweckmäßigeren arabischen Zahlen ersetzt wurden.

Eigentlich hieß Adam nur »Ries« mit Nachnamen. Das abschließende »e« geht darauf zurück, dass zu seiner Zeit auch die Personennamen dekliniert wurden.

Heroen und Hungerleider

Auch die stolzen Helden aus der antiken Mythologie begleiten uns bis heute durch die Sprichwörterwelt. Zum Beispiel dann, wenn wir einen »Augiasstall ausmisten«, also sehr gründlich aufräumen. Sei es in einer völlig verschlampten Wohnung, oder auch in einem politischen Korruptionsgeflecht.

Der Kuhmist des Augias

Im altgriechischen Original handelte es sich bei diesem »Saustall« um einen Rinderstall mit stolzen 3000 Tieren, die Augias, dem König von Elis auf der Peloponnes-Halbinsel, gehörten. Seit 30 Jahren war hier nicht mehr ausgemistet worden!

Dann aber wurde der Held Herakles, ein Sohn des Götterkönigs Zeus, im Rahmen der legendären zwölf Aufgaben, die ihm von König Eurystheus gestellt wurden, mit dieser für einen Halbgott wenig schmeichelhaften Tätigkeit betraut.

Binnen eines einzigen Tages sollte er den riesigen Stall säubern. Das schien unmöglich zu schaffen. Der pfiffige Herakles aber bewältigte die Aufgabe, indem er die Fundamente des Stalls an zwei Seiten aufriss und dann die Flüsse Alpheios und Peneios hindurchleitete, die allen Unrat kraftvoll fortspülten.

Höllisch schwierig! Sisyphus und Tantalos

Herakles leistete also eine echte »Sisyphusarbeit«! Oder? Nicht ganz, denn er hat sein Ziel ja erreicht. Ganz im Gegensatz zum echten Sisyphos (latinisiert Sisyphus), dem König von Korinth, der sich wirklich ganz vergeblich bei einer schweren und sinnlosen Arbeit abmühte: Zur Strafe für seine Gewinnsucht und

Verschlagenheit und vor allem für einen Verrat am Göttervater Zeus wurde Sisyphos in den Hades, Abteilung Tartaros (eine Art Hölle der alten Griechen) verbannt, wo er unter Müh und Plag einen großen, schweren Felsbrocken einen hohen, steilen Berg hinaufwälzen musste. Und zwar bis ans Ende aller Tage. Denn kaum näherte er sich dem Gipfel, da entglitt ihm der Stein, rollte wieder in die Tiefe – und Sisyphos musste von vorn anfangen.

Und noch jemand litt in der Unterwelt echte »Tantalosqualen«. Das war Tantalos selbst. Er hatte es unter anderem gewagt, die Allwissenheit der Götter auf die Probe zu stellen, indem er ihnen bei einem Gastmahl seinen eigenen Sohn Pelops als Speise vorsetzte. Doch die Götter erkannten die Gräueltat und verwandelten den als Bratenhäppchen angerichteten Pelops wieder in einen lebendigen Menschen. Tantalos aber musste zur Strafe nun ewig an unerfüllten Sehnsüchten leiden: Er stand im Hades bis zum Kinn in einem Teich; doch immer, wenn er davon trinken wollte, senkte sich der Wasserspiegel und er konnte seinen Durst nicht stillen. Direkt über seinem Kopf dagegen wuchsen saftige Birnen, Äpfel, Granatäpfel, Feigen und Oliven; doch sobald er sich eine Frucht pflücken wollte, wirbelte ein Wind die Äste aus seiner Reichweite, und er blieb ewig hungrig.

Achilles' Ferse und Trojas Pferd

Im Hades gab es allerdings durchaus auch nützliche Gewässer. Zum Beispiel den wunderkräftigen Fluss Styx, der die Unterwelt von der Oberwelt trennte.

In ihm badete die Meeresgöttin Thetis ihren von einem menschlichen Vater gezeugten und damit sterblichen Sohn Achilles, um ihn zumindest unverwundbar zu machen. Irgendwo aber musste sie ihr Kind dabei festhalten, damit es nicht ganz in den Fluten versank. Und so blieb die rechte Ferse des Kleinen vom Wunderwasser unberührt und damit auch verwundbar. Eine solche »Achillesferse«, also eine Schwachstelle, die angreifbar macht, können heutzutage nicht nur Menschen, sondern auch Systeme oder Strategien haben. Dem griechischen Helden wurde sie später im Trojanischen Krieg zum Verhängnis.

Der umkämpften Stadt Troja selbst dagegen brachte das ebenfalls sprichwörtlich gewordene »Danaergeschenk« den Untergang. Dieses gefährliche, hinterlistige und schadenbringende Geschenk an Troja war das große hölzerne Pferd, in dem sich die feindlichen Griechen (auch »Danaer« genannt) versteckten. »Ich fürchte die Danaer, auch wenn sie Geschenke bringen«, warnte Laokoon bei Vergil da vergebens ...

Und heute steht das trügerische Präsent im Internet als sogenannter »Trojaner« für alle allzu sorglosen Nutzer bereit.

Wer vom Teufel spricht …

Gerade erst haben wir über jemanden getratscht – da steht er urplötzlich vor uns oder ruft an? Ja, »wenn man vom Teufel spricht …«, dann kommt er auch!

»Mal bloß nicht den Teufel an die Wand!«

So dagegen warnen wir dann, wenn jemand Unheil befürchtet und das auch offen ausspricht. Beide Wendungen gehen auf den uralten Aberglauben zurück, dass man böse Geister durch bloße Worte oder Bilder leibhaftig heraufbeschwören könnte.

Teufelskerle in der Küche

Es ist jedoch eher ungünstig, den Teufel – schlimmstenfalls wirklich »auf Teufel komm raus« – herbeizurufen, denn er hat es ja auf nichts Geringeres als auf unsere Seele abgesehen; und die will er dann »in Teufels Küche – also in die Hölle! – bringen. Dort schmoren die armen Teufel, die sich zu Lebzeiten durch allerlei Boshaftigkeiten als wahre »Satansbraten« erwiesen haben.

»Zum Teufel mit dir!«, »Der Teufel soll dich holen!« oder »Scher' dich zum Teufel!« wird so mancher daraufhin über sie gedacht oder zu ihnen gesagt haben (wobei »scheren« nicht auch noch eine höllische Kopfrasur androht, sondern auf ein altes Wort für »laufen« oder »springen« zurückgeht).

Frisst Beelzebub wirklich Fliegen?

Wenn der Höllenfürst nun doch an der Wand beziehungsweise leibhaftig vor uns steht, dann nimmt man am besten einen Beelzebub, um den Teufel damit wieder auszutreiben. Man macht sich also daran, ein Übel durch ein anderes zu bekämpfen, das vielleicht noch schlimmer ist.

Aber: Sind Teufel und Beelzebub denn nicht ein und dasselbe? Im Volksmund oft schon. In der Bibel (genauer: im Neuen Testament, und zwar bei Matthäus 12, 22-28 und Lukas 11,14-22) gibt es jedoch feine Unterschiede. Hier wird der Dämon Beelzebub nämlich als *Oberster* der Teufel bezeichnet.

Beelzebub bedeutet übersetzt »Herr der Fliegen«. Die Wendung »in der Not frisst der Teufel Fliegen« besagt so gesehen also, dass dieser Bösewicht gegebenenfalls auch nicht davor zurückschreckt, seine eigenen Gefolgsleute zu verspeisen.

Als Tiere, die »des Teufels« sind, galten früher aber noch einige mehr, und zwar vorzugsweise schwarze (wie Raben) oder feuerrote Wesen wie Eichhörnchen und Füchse. Wenn also jemand »fuchsteufelswild«, also sehr wütend wird, dann wird es wirklich hochbrisant, denn einerseits benimmt er sich wie ein tollwütiger Fuchs (tollwütig wurde früher regional auch »fuchswild« genannt), und andererseits hat er ja sowieso schon »den Teufel im Leib«!

Tierisch treffsicher

Schräge Vögel

Wir alle wissen: »Der frühe Vogel fängt den Wurm«, und »der Spatz in der Hand ist besser als die Taube auf dem Dach«. Wer aber »Eulen nach Athen trägt«, der ist schon »ein recht komischer Kauz«! Wahrscheinlich »hat er einen Vogel«?

Direkt gezeigt: Bei dir piept's wohl?!

Wenn wir jemandem »einen Vogel zeigen«, uns also selbst mit dem Zeigefinger an die Stirn tippen, dann sagen wir ihm ganz wortlos: »Du bist ja nicht recht bei Verstand, du spinnst, kurz:

Du hast einen Vogel!« Oder zumindest »eine Meise«. Oder auch: »Bei dir piept's wohl!«

All diese beliebten Schmähgesten und -worte gehen auf den alten Volksglauben zurück, dass Geisteskrankheiten dadurch entstehen, dass sich kleine Tiere – wie zum Beispiel Vögel – im Kopf eingenistet haben.

Heute unterstellen wir mit verbalen oder nonverbalen »Autofahrergrüßen« zwar keine echte, klinisch nachweisbare geistige Störung mehr; doch aus der Reihe des Üblichen tanzende Sonderlinge, die wir auch »schräge Vögel« oder »komische Käuze« nennen, bleiben schon irgendwie suspekt …

Eulen im Überfluss

Im antiken Athen dagegen genossen speziell Nachtvögel besonderen Respekt: Eulen (beziehungsweise Steinkäuze) galten als besonders klug, weil sie auch im Dunkeln sehen können. In diesem Sinne waren sie die Symboltiere der altgriechischen Göttin der Weisheit und Schutzpatronin der Stadt, Pallas Athene, und wurden ihr zu Ehren auf die Rückseiten der ortseigenen Münzen geprägt.

In Athen gab es damals also herausragend viele »Eulen« in den Kassen, und deshalb konnte der Dichter Aristophanes um 400 v. Chr. die Idee, »Eulen nach zu Athen tragen«, in seiner satirischen Komödie *Die Vögel* so gut als Inbegriff eines aufwendigen, aber völlig überflüssigen und sinnlosen Tuns etablieren.

(Modernere Varianten desselben Themas sind übrigens: »Holz in den Wald tragen«, »Bäckerkindern Stullen schenken« oder, speziell in Norddeutschland, »Torf ins Moor« beziehungsweise »Water in de See dragen«.)

Fremde Federn? Pfau weia!

Wer »sich mit fremden Federn schmückt«, muss oft schmerzhaft »Federn lassen«. Das wissen nicht nur »Federfuchser«, sondern auch Lateinschüler, die im Unterricht die Fabel *Graculus superbus et pavo* (*Die stolze Krähe und der Pfau*) des römischen Dichters Phaedrus (ca. 20 v. Chr. bis 51 n. Chr.) übersetzen müssen.

Es war einmal eine wenig attraktive Krähe, erzählt Phaedrus, die sammelte eifrig die schön schillernden Federn ein, die ein Pfau verloren hatte. Damit schmückte sie dann ihr eigenes Gefieder. Stolz stolzierte sie so umher, verachtete fortan ihre Artgenossen und mischte sich stattdessen lieber unter das noble Pfauenvolk. Die Pfauen aber erkannten den Bluff und rissen dem Möchtegern-Emporkömmling empört die Federn aus (wahrscheinlich nicht nur die falschen, sondern auch viele eigene). Übel zerrupft kehrte die Krähe zu Ihresgleichen zurück. Doch auch die Verwandtschaft wollte nun nichts mehr mit ihr zu tun haben und beschimpfte sie für ihren Hochmut.

Federführend ausgefuchst

Zu den Helden der Tierfabeln gehört auch Reineke, der Fuchs. Der weiß und kann zwar allerlei, doch das »Federfuchsen« hat er nicht erfunden. Das ist vielmehr ein Verdienst derer, die früher in Amtsstuben oder Dichterkämmerlein die (Schreib-)Feder »quälten« – und sich dabei oftmals in Nebensächlichkeiten verzettelten. Denn »fuchsen« im Sinne von »ärgern« kommt nicht von »Fuchs«, sondern von dem regional gebräuchlichen Wort »fucken«, das »unruhig hin und her fahren« bedeutet.

Schreiberlinge sollten also »nicht so viel Federlesens« machen und gleich zur Sache kommen, statt ihren Lesern unnötige Umstände zu bereiten! Oder? Das »lesen« in dieser Wendung hat nichts mit Büchern zu tun. Gemeint ist hier vielmehr (ähnlich wie bei der Weinlese): absammeln, sorgfältig abzupfen.

Genau das nämlich taten kriecherische Schmeichler aus dem Volk früher mit Federn und anderen kleinen Schmuddeleien von der Straße, die auf die Gewänder der hohen Herrschaften geweht waren. Federleser wurden zwar (unter anderem von Martin Luther) allgemein verachtet – doch vielleicht hätte die Krähe sich so ja eher bei den Pfauen beliebt machen können.

Gut gebrüllt, Löwe?

Majestätische Löwen können wir nicht nur im Zoo oder auf zahlreichen Wappen bewundern. Sie melden sich auch in sprachlichen Bildern zu Wort, die oft von den Tierfabeln des antiken Dichters Aesop inspiriert wurden.

Fabeltiere wie du und ich

Aesop, der als Begründer der europäischen Fabeldichtung gilt, lebte im 6. Jahrhundert vor Christus in Griechenland. Die ihm zugeschriebenen Fabeln wurden zunächst nur mündlich überliefert und sind daher in zahlreichen Varianten bekannt.

Fabeln sind kurze Erzählungen mit belehrender Absicht, in denen Tiere, aber auch Pflanzen, Dinge und andere wunderliche Wesen reden und handeln. Zumeist werden dabei in der Pointe menschliche Schwächen wie Eitelkeit, Neid, Dummheit, Geiz und Ähnliches humorvoll entlarvt, aber nicht verurteilt.

In den Klosterschulen des Mittelalters waren Aesops Fabeln ein beliebter Lesestoff, und später schlüpften dann unter anderem Martin Luther, Hans Sachs, Jean de La Fontaine und Gotthold Ephraim Lessing in die Rolle des Fabeldichters.

King Nobel, der Partylöwe

Im Laufe der Zeit erhielt der Löwe, der sich in vielen Fabeln besonders hervortut, dabei den stolzen Namen »Nobel«.

Grundsätzlich beansprucht der fabelhaft noble »König der Tiere« schon eine gewisse Sonderstellung für sich. So inszeniert sich der moderne »Partylöwe« zum Beispiel – genau wie sein

Vorfahr, der »Salonlöwe« – gern attraktiv und elegant als umschwärmter Mittelpunkt jeder Geselligkeit.

Die königliche Anteilnahme

Wer heute »den Löwenanteil für sich beansprucht«, also das meiste vom Kuchen, vom Gewinn oder Ähnlichem haben will, ist gemessen an Aesops Fabellöwen jedoch geradezu bescheiden; denn der wollte damals noch alles für sich. Wie in mehreren Varianten überliefert:

Die Geschichte *Der Löwe mit anderen Tieren auf der Jagd* berichtet, dass der Löwe einst gemeinsam mit drei anderen Tieren auf die Jagd ging und einen Hirsch erlegte. Diesen zerteilte er dann in vier gleiche Teile und sagte:

»Der erste Teil gehört mir, weil ich der Löwe, euer König bin; der zweite Teil ist mein, weil ich von uns allen das größte Herz habe; den dritten müsst ihr mir als dem Stärksten überlassen – und den, der mir den vierten Teil streitig machen will, den werde ich auf der Stelle verschlingen!«

In der Fabel *Der Löwe, der Fuchs und der Esel* dagegen geht man nur zu dritt auf die Jagd. (Wie auch immer Aesop auf die Idee gekommen ist, dass Esel jagen? Nun ja, er brauchte wohl einen Dummen ...)

Als der Esel die Beute nach getaner Tat dann – wie vorher abgesprochen – in drei gleiche Haufen teilt und dem Löwen als erstem die Wahl überlassen will, zerfleischt ihn dieser wutentbrannt. Dann beauftragt er den Fuchs mit einer gerechteren Teilung. Der Fuchs legt die gesamte Beute auf einen einzigen großen Haufen, den er dann dem Löwen übergibt.

»Wer hat dich so gut teilen gelehrt?« fragt der Löwe da erfreut.

»Das Schicksal des Esels«, antwortet der Fuchs.

Die »Societas leonina« beziehungsweise der Leoninische Vertrag oder die Löwengesellschaft geht wahrscheinlich ebenfalls auf diese Fabel vom raffgierigen Löwen (lateinisch *leo*) zurück. In der Rechtssprache bezeichnet dieser Begriff eine Gesellschaft, bei der zwar alle Gesellschafter das Risiko tragen, aber nur ein einziger Gesellschafter den Gewinn ausgeschüttet bekommt.

Hinterlistiges aus der Höhle

Auch davon, sich »in die Höhle des Löwen zu wagen«, kann uns der »Schlaufuchs« nur abraten:

Als der Löwenkönig alt und schwach geworden war und nicht mehr selbst jagen konnte, ließ er alle Untertanen in seinen ›Palast‹ rufen, um vor seinem Tode Abschied zu nehmen, berichtet Aesop. Brav gingen die Tiere also nacheinander in des Löwen Höhle – doch keines kehrte daraus zurück.

Dass man diesen Weg nicht lebendig übersteht, das erkannte nur der Fuchs noch rechtzeitig an den Fußspuren vor dem Eingang, die nur in eine Richtung führten – und sah daraufhin klugerweise von einem Besuch bei Ihro Majestät ab.

Heute sind unsere Überlebenschancen bei einem Besuch in modernen Löwenhöhlen wie dem Büro des Chefs zwar deutlich besser – doch kluge Menschen folgen dennoch lieber Arthur Schopenhauers Rat: »Wer sich nicht mit der Löwenhaut bekleiden kann, der nehme einen Fuchspelz.«

Die königliche Ausnahme: Da beißt die Maus einen Faden ab!

Zur Ehrenrettung des Löwenkönigs (der ja nun einmal ein Raubtier ist!) sei jedoch erwähnt, dass er seine Untertanen nicht prinzipiell und generell verschlingt.

In der Fabel *Der Löwe und das Mäuschen* etwa tänzelt eine Maus versehentlich über einen schlafenden Löwen und weckt ihn auf. Unwirsch schnappt er sie daraufhin mit seinen Pranken, doch er lässt sie großmütig wieder frei, als die Maus ihn anfleht: »Bitte verzeih meine Unachtsamkeit und lasse mich am Leben! Ich will dir dafür auch ewig dankbar sein!«

Der stolze Löwe kann sich natürlich absolut nicht vorstellen, wie ein so lächerlich winziges Mäuschen ihm wohl seine Dankbarkeit zeigen will. Doch das erfährt er schon bald darauf, als er sich hoffnungslos in einer Netzfalle verfangen hat. Da nämlich eilt die Maus sogleich herbei und knabbert so lange an den Knoten des Netzes, bis sich der Löwe befreien kann.

Und die Moral von der Geschicht'? Im »Mausepelz« kommt man beim Chef am allerbesten an!

Alles für die Katz!

Viel Stoff für anschauliche Sprüche und Begriffe gibt uns auch der kleinere Verwandte des Löwen, der beliebte »Stubentiger«. Er rechtfertigt zum Beispiel schlechte Angewohnheiten, denn »die Katze lässt das Mausen nicht«.

Doch »wenn die Katze aus dem Haus ist, tanzen die Mäuse auf dem Tisch«; genau wie Kinder oder Untergebene, die ohne Aufsicht wagen, was sie sich sonst nie trauen würden. Und was macht die Katze derweil?

Der Tisch bei Schmidt

Vielleicht geht sie in ein Restaurant, wo sie dann ebenso begehrlich wie unentschlossen die Speisekarte studiert, also »wie die Katze um den heißen Brei herumschleicht«.

Dabei sitzt sie natürlich am »Katzentisch«. Was heute metaphorisch schlechte, zugige oder direkt bei der Toilettentür gelegene Plätze in einer Gaststätte oder den Kindertisch auf der Familienfeier bezeichnet, das gab es früher wirklich: Schon in der Antike und dann vor allem zur Zeit des französischen Hochadels wurden die Hauskatzen der feineren Gesellschaft nicht nur auf dem Fußboden, sondern tatsächlich auch an eigenen kleinen Tischchen mit kurzen Beinen gefüttert.

Nach dem Essen treffen wir die Katze dann vielleicht rasant tanzbeinschwingend in einem angesagten Club an, in dem es »abgeht wie Schmidts Katze« – also hoch her. Diese Wendung ist, so munkelt man, auf Katzen zurückzuführen, die sich einst vor den Hammerschlägen des Schmieds erschreckten und flohen.

In Riesensätzen bewegt sich das Miniraubtier dabei naturgemäß jedoch nicht voran. Was »nur einen Katzensprung entfernt« ist, liegt also auf jeden Fall noch im Nahbereich.

Die Musik und der Kater

Wir Menschen dagegen fliehen eher dann, wenn man unsere
Ohren mit »Katzenmusik« quält, mit disharmonischen Darbie-
tungen also, die ungefähr so nervig klingen wie das Quäken lie-
bestoller Katzen.

Davon leitet sich auch der »Katzenjammer« ab, die Ernüch-
terung, die Gewissensbisse und die Reue nach euphorisch über-
steigerten Hoffnungen – oft einhergehend damit, dass man
nach übermäßigem Alkoholgenuss am Vorabend nun »einen
Kater hat«.

Für den aber kann man die Katzen nicht verantwortlich machen, denn der »Kater« hat seinen Ursprung wahrscheinlich in dem Wort »Katarrh«, mit dem sächsische Studenten im 19. Jahrhundert nicht nur Atemwegsentzündungen, sondern auch ein allgemeines Unwohlsein und später dann speziell das alkoholbedingte bezeichneten. (»Haarspitzenkatarrh« ist ja auch heute noch ein Alternativwort für »Kater« bzw. Kopfschmerzen.)

Der Sack

Keinesfalls aber sollte man »die Katze im Sack kaufen«, sich also auf Geschäfte einlassen, ohne die Ware vorher genau zu prüfen. Im Mittelalter wurden auf den Märkten auch lebendige Kleintiere verkauft, meist in Säcken verpackt, damit sie besser zu transportieren waren. Statt nahrhafter Kaninchen, Hasen oder Ferkel aber steckten hinterhältige Verkäufer manchmal streunende Straßenkatzen in den Sack – und diese Schandtat wurde erst dann offenbar, wenn der naive Kunde zuhause »die Katze aus dem Sack ließ«.

Die Wäsche

Etwas unfair ist es jedoch, flüchtige Körperpflege als »Katzenwäsche« zu bezeichnen. Katzen sind zwar tatsächlich ziemlich wasserscheu, doch stattdessen lecken sie fast den ganzen Tag lang an Fell und Pfoten herum, um sich zu reinigen. Eitelkeit dürfte hier jedoch nicht dahinterstecken, oder?

Denn sicher wissen doch auch die Katzen selbst: »Bei Nacht sind alle Katzen grau«. Und in der Dunkelheit, in der weder das Schöne noch das Hässliche markant hervorsticht, da treffen sie sich ja am liebsten …

So ein Hundeleben!

Wir Menschen sind schon »hundsgemein«. Ausgerechnet unser liebstes Haustier ziehen wir heran, wenn wir nach richtig bösen Schimpfwörtern suchen; oder auch nach Sinnbildern für grenzenloses Elend …

Dämlich und lumpig

Zumindest dann, wenn von Mensch zu Mensch beleidigt wird, wird das für seine Treue und Geradlinigkeit bekannte Tier als »eiskalter, verlogener Lumpenhund« zum Inbegriff der Hinterhältigkeit. Und dem »dummen, dämlichen Hund«, mangelt es gerade an der Wachsamkeit und Aufmerksamkeit, durch die sich seine Gattung eigentlich doch auszeichnet.

Kiste, Karre oder Kandare?
Wer ist hier auf den Hund gekommen?

Wenn jemand in üble materielle Umstände gerät, dann fühlt er sich nicht nur »hundeelend«, sondern ist auch in den Augen der Welt »auf den Hund gekommen«. Zum Ursprung dieser Redensart (die scherzhaft auch auf frischgebackene Hundefreunde angewendet wird) gibt es verschiedene Theorien, die teilweise jedoch gar nichts mit den Vierbeinern zu tun haben.

Es könnte sich nämlich ebenso gut um einen Holzkasten auf Rädern handeln, wie er früher im Bergbau zum Transport von Kohle oder Erz verwendet wurde. Dieser Förderwagen wurde »Hunt« genannt und von Bergleuten geschoben oder gezogen, die nicht mehr stark genug waren, um unter Tage als Hauer zu arbeiten – oder die bei der Arbeit gepfuscht hatten. Wer aber »vor die Hunte gehen« musste, erhielt deutlich weniger Lohn.

Echte Hunde kommen erst ins Spiel, wenn man »auf den Hund kommen« als eine direkte Fortsetzung des antiken Sprichworts »vom Pferd auf den Esel kommen« interpretiert, das den Verlust von Macht und Geld versinnbildlicht. Tatsächlich spannten arme Bauern oder Hausierer früher statt Pferden oder Eseln oft auch Hunde vor ihre Wagen; doch damit kamen sie immer noch besser voran als diejenigen, die ihre Ware selbst tragen oder ziehen mussten.

Oder geht es hier vielleicht nur um die Abbildung eines Hundes? In Zeiten, in denen man seine Habseligkeiten noch in Truhen oder Schatzkisten aufbewahrte, wurde der Boden dieser Kästen gern mit Schutzsymbolen verziert – zum Beispiel mit aufgemalten oder eingeschnitzten Wachhunden. Wer jedoch so viel Geld ausgegeben hatte, dass er das Bild am Boden der fast leeren Kasse sehen konnte, war ebenfalls ganz konkret »auf den Hund gekommen«.

In Schwaben, wo man statt »unten« eh »hunden« sagt, braucht es derlei Bildchen gar nicht, um bis auf den Truhen- beziehungsweise Kassenboden hin pleite zu gehen.

Grimmsche Gruseligkeiten

Im 1838 begonnenen Deutschen Wörterbuch der Märchengebrüder Grimm dagegen wird die Redewendung auf einen alten Rechtsbrauch zurückgeführt, bei dem verurteilte Missetäter zur Strafe öffentlich Hunde durch die Straßen tragen mussten. Auch sollen Verbrecher früher zusammen mit Hunden gehenkt worden sein, um ihre Schmach noch zu erhöhen.

Angst, bald gänzlich »vor die Hunde zu gehen«, hat aber auch krankes, schwaches Wild, das den Jagdhunden eine leichte Beute ist. Und welche Deutung stimmt nun? Man weiß es nicht. Da wird doch der Hund in der Pfanne verrückt!

Schwein gehabt!

Wenn es bei jemandem zuhause »wie in einem Saustall aussieht« und er sich obendrein bei Tisch »wie ein Schwein benimmt«, dann folgt er tatsächlich ganz konsequent dem Vorbild unserer rosa Nutztiere.

Ruf! Mich! An!

Doch Schweine können naturgemäß weder lesen noch telefonieren. In der Welt der Redensarten tun sie es trotzdem, denn hier werden »Schwein«, »Sau« oder »Du Ferkel!« seit jeher gern alternativ für den (gemeinten) Menschen verwendet.

In diesem Sinne: »Kein Schwein ruft mich an, keine Sau interessiert sich für mich ...« Hier wurde ein larmoyanter Song zum geflügelten Wort, der täuschend echt nach den Comedian Harmonists der 1920er-Jahre klingt, tatsächlich aber erst 1994 von Max Raabe und dem Palast Orchester kreiert und durch die Filmkomödie *Der bewegte Mann* bekannt wurde.

Sauglücklich ...

Die seit 1800 belegte Wendung »Schwein gehabt« für »unverdient Glück gehabt« dagegen ist wieder einmal eine Redensart, zu deren Herkunft es mehrere Theorien gibt.

Nur die erste Herleitung hat tatsächlich mit den leibhaftigen Schnitzellieferanten im Stall zu tun. Ein Schwein wurde früher bei Schützenfesten und anderen sportlichen Wettkämpfen nämlich als Trostpreis an den »letzten Sieger« verschenkt – obwohl der sich das durch seine Leistung am allerwenigsten verdient hatte.

Oder ist das mit mehr Glück als Verstand erworbene Schwein vielleicht nur aus Papier? Auf der höchsten Karte eines deutschen Kartenspiels des 16. Jahrhunderts, dem Schellen-Ass beziehungsweise -Daus (ja, genau, daher auch »Ei der Daus!«) war nämlich ein Schwein abgebildet, und diesen Trumpf bekam man nicht durch kluge Strategie, sondern nur durch pures Glück auf die Hand.

Die hochgebildete Familie Swyn kann's lesen

Lesen aber können weder auf Spielkarten gezeichnete noch echte Schweine. Und daher ist die Wendung »Das kann doch kein Schwein lesen!« zunächst eine ausgesprochen sinnfreie Bemerkung.

Vor einigen Jahrhunderten aber konnten zudem auch die Schweinehirten, die Bauern und andere einfache Leute meistens nichts mit Buchstaben anfangen. Wenn sie wichtige Briefe oder andere Schriftstücke erhielten, baten sie daher entsprechend Gelehrte, ihnen den Text vorzulesen.

Zu diesen belesenen Kreisen gehörte auch eine norddeutsche Familie namens Swyn. Doch sogar deren Sprachkundigkeit stieß an ihre Grenzen, wenn sie auf ein unentzifferbares Handschriftengekrakel traf. Sie mussten passen: »Dat kann keen Swyn lesen!« Da »Swyn« aber nicht nur ein Familienname, sondern auch das plattdeutsche Wort für »Schwein« ist, wurden die Swyns bei der Übersetzung des Ausspruchs ins Hochdeutsche kurzerhand in ein Schwein verwandelt.

Null Bock auf Bockmist

Dass es nicht sonderlich klug ist, einen (Ziegen-)»Bock zum Gärtner zu machen«, leuchtet jedem ein; denn der wird die Blumenpracht garantiert eher radikal wegfressen, statt sie zu hegen und zu pflegen!

Leider den geschossen?

Doch warum sagt man »Ich habe einen Bock geschossen!«, wenn man einen Fehler gemacht hat? Ein Jäger ist doch eher stolz, wenn er einen kapitalen *Reh*bock erlegt hat? Ja, schon, doch auf Schützenfesten war es früher üblich, Fehlschüsse als »Bock« zu bezeichnen – und dem schlechtesten Schützen von allen (statt des eben angesprochenen Schweins) auch mal einen *Ziegen*bock zu schenken. Aus derselben Quelle sprudeln dann auch »etwas verbocken« oder – derber – »Bockmist bauen« beziehungsweise »Bockmist reden«.

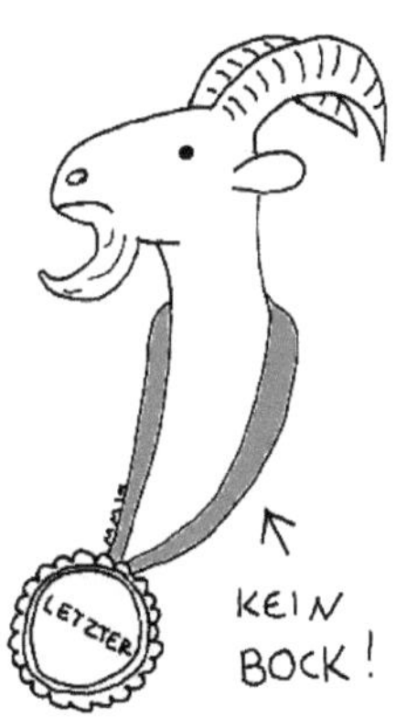

Lust und Sünde …

Das erst seit den 1970er-Jahren verbreitete »Da habe ich Bock (= Lust) drauf!« dagegen ist eine Kreation der damaligen Jugendsprache, inspiriert wohl ausgerechnet von den triebhaften »alten Böcken«, von denen man sich sprachlich damit eigentlich abgrenzen wollte. Doch sind junge Triebe wirklich so viel besser als die Triebe der Älteren?

Definitiv alt ist jedenfalls der »Sündenbock«. Schon im 3. Buch Mose (Kapitel 16) finden sich genaue Anweisungen, wie der Hohepriester Aaron einen Ziegenbock mit den Sünden des ganzen Volks beladen und diesen dann in die Wüste jagen soll, um Gott zu versöhnen.

Die Vorstellung, dass sich die eigene Schuld auf andere Lebewesen übertragen lässt, war damals wahrscheinlich auch in anderen Religionen verbreitet – und wird bis heute auch von Mensch zu Mensch immer mal wieder versucht.

Das Horn, das Hemd – oder der Klee?

Eines der großen ungelösten Rätsel der Sprachwissenschaft ist der Ursprung der Wendung »Lass dich nicht ins Bockshorn jagen!«, mit der wir andere ermutigen, sich nicht auf eine falsche Fährte locken, verunsichern, verwirren oder einschüchtern zu lassen.

Natürlich würde man sich sehr in die Enge getrieben fühlen, wenn man in ein spitz zulaufendes Tierhorn gestopft würde; doch das ist praktisch gesehen gar nicht möglich. Stand dann vielleicht die Vorstellung Pate, dass jemand auf das gefährliche Gehörn eines Reh-, Stein- oder Ziegenbocks zu gejagt wird?

Schlichte Wortverdrehung ist jedoch ebenfalls denkbar. So gebrauchte man früher aus religiösem Respekt das Wort »Gott« keinesfalls in Flüchen, sondern sagte stattdessen zum

Beispiel »Box« – um einander dann den ja sehr ähnlich klingenden »Box' Zorn« an den Hals zu wünschen. Oder auch: einander gegenseitig zum Teufel – denn der ist ja für sein Bocksgehörn bekannt!

In der weltlichen Justiz dagegen war es einst üblich (beim bayrischen Volksjustizverfahren Haberfeldtreiben sogar bis ins 19. Jahrhundert hinein), den Angeklagten peinlicherweise in ein Ziegenfellhemd zu zwängen, das »bokkes hamo« genannt wurde – klingt irgendwie auch verwandt, oder?

Die Ecke, in die freche Schüler in Schwaben früher gestellt wurden, hieß »Bocksstall«. Nun, von der Form her ähneln Ecken schon einem Horn.

Doch vielleicht warnte das Ursprichwort ja auch davor, sich in den Bockshorn*klee* treiben zu lassen, der ziemlich unangenehm riecht … was meinen Sie?

Sein Name ist Hase

… und er weiß angeblich ja von nichts. Doch warum nennt man ihn dann »Meister Lampe«? Demnach hat er wohl doch ein helles Köpfchen! Na, jedenfalls sind seine Füße sehr bekannt.

Meister Lampes kleine Erleuchtungen

Im Volksmund wird die wohl populärste Symbolfigur des Osterfestes, der Hase, auch »Meister Lampe« genannt. Das hat jedoch nichts mit der Lichtquelle zu tun, sondern ist schlicht eine Abkürzung des alten männlichen Vornamens Lamprecht, den der Mümmelmann in mittelalterlichen Fabelsammlungen rund um Reinhard, den schlauen Fuchs, trug.

Doch »Lampe« passt zugleich auch gut zu dem weißen Schwanz, der Blume, die man aufleuchten sieht, wenn ein Hase davonhoppelt. Auch bei der Wendung »er ergreift das Hasenpanier«, wenn jemand fortläuft oder flüchtet, stand dieses ›Banner‹ Pate – Meister Lampe schwenkt hier also seine natürliche hintere Heeresfahne.

Wie läuft er denn, der alte Angsthasenfuß?

Schleunigst verschwinden, sobald Gefahr droht – das machte den Hasen zum sprichwörtlichen Stellvertreter aller Feiglinge, denen ja gern unterstellt wird, dass sie »ein Hasenherz haben« beziehungsweise ein »Angsthase« oder »Hasenfuß« sind.

Aber was soll ein so oft von Jägern und Hunden gehetztes Tier sonst auch machen? Wer »weiß, wie der Hase läuft« (nämlich Haken schlagend im Zickzack), der kennt sich aus und bringt es zu Jagderfolgen aller Art. »Alte Hasen« sind hier ganz besonders kompetent – auf der Flucht wie als Verfolger.

Hasenpfeffer

Doch es gibt noch eine andere Möglichkeit, die Beute zu erwischen: Man schaut ganz einfach, »wo der Hase im Pfeffer liegt«. Dort nämlich, wo sich die runden Hasenkötel wie Pfefferkörner häufen, wird man ihn in seinem Bau aufstöbern. Und damit finden, was man sucht – beziehungsweise einen entscheidenden Fehler (des Hasen!) aufdecken.

So jedenfalls lautet eine verbreitete Deutung dieser Redewendung, deren Herkunft laut Duden jedoch als dunkel gilt. Eine andere Interpretation versteht diesen Satz eher in dem Sinne, dass es nun für alles zu spät ist. Denn wenn der Hase tatsächlich mitten im Pfeffer liegt, dann serviert man ihn bereits als Braten – zubereitet in einer würzigen Soße, die früher »Pfeffer« genannt wurde.

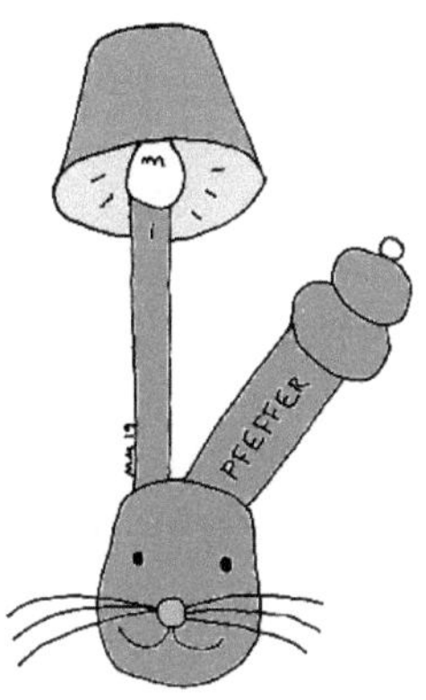

Der falsche Hase weiß von nichts

Wenn uns ein Hase metaphorisch auf der Zunge zergeht, handelt es sich jedoch nicht immer um einen hoppelnden Vierbeiner. Der Spruch »Mein Name ist Hase, ich weiß von nichts« zum Beispiel ist zweibeinigen Ursprungs.

Mit diesem Satz nämlich (der vollständig übrigens lautet: »Mein Name ist Hase, ich verneine die Generalfragen, ich weiß von nichts.«) reagierte der Jurastudent Victor von Hase Mitte des 19. Jahrhunderts bei einem Gerichtsprozess in Heidelberg auf die Anschuldigung, er habe einem Freund zur Flucht verholfen, nachdem dieser bei einem Duell einen Kommilitonen erschossen hatte.

Ob Herr Hase wirklich nichts mit der Sache zu tun hatte? Er sagte jedenfalls, er hätte lediglich seinen Studienausweis verloren, mit dem sein Freund dann über die Grenze nach Frankreich gelangen konnte …

So eine Maulaffenschande!

Von der putzigen kleinen Meerkatze bis hin zum Orang-Utan kennen wir die verschiedensten Affenarten. Doch haben Sie schon einmal echte »Maulaffen« gesehen? Wahrscheinlich nicht. Dabei müssten die eigentlich ja recht verbreitet sein – so oft, wie man sagt, dass jemand »Maulaffen feilhält«!

Licht in aller Munde

Wenn es im Mittelalter abends dunkel wurde, wurden die Häuser mit brennenden Kienspänen beleuchtet, die in einen Halter aus Ton gesteckt wurden. Gern modellierte man diese Halter als Nachbildung des menschlichen Gesichts, dem man den Kienspan dann keck in den leicht geöffneten Mund stecken konnte.

Im Österreich des 13. Jahrhunderts waren solche Spanhalter unter dem Namen »Maulauf« bekannt. Und wenn ein Händler auf dem Markt eine größere Menge dieser Tonköpfe »feilhielt« (also zum Verkauf anbot), dann sah das ganz so aus wie eine Gruppe sensationslüsterner Menschen, die mit offenem Mund stehen bleiben, wo es etwas zu gaffen gibt.

Lasteraffen

Auf niederdeutsch gesagt, hatte der mittelalterliche Lampenhalter also »dat mul apen«. Dem Umstand, dass das plattdeutsche Wort für offen (also »apen«) genauso klingt wie das plattdeutsche Wort für Affen (= »Apen«), verdanken unsere nächsten Verwandten in der Tierwelt die fiktive Gattung der »Maulaffen«, aber auch die völlig zu Unrecht nach ihnen benannte »Affenschande«. Damit nämlich war ursprünglich eine »apenbore«, also eine offenbare, für jeden ersichtliche Schande gemeint, für die meist eher Menschen als Affen verantwortlich waren.

Lauselümmel

»Ich glaub, mich laust der Affe!« Wer das sagt, ist zwar offenkundig unangenehm überrascht; doch diesmal hat die Redewendung tatsächlich mit echten Affen zu tun. Nämlich mit den kleinen Begleitern der Schausteller auf dem Jahrmarkt, die gern urplötzlich vom Leierkasten auf den Kopf eines Passanten sprangen und diesem dann ganz wie einem Artgenossen auf dem Kopf herumzupften, um ihn von Schädlingen zu befreien.

Lackaffen im Zirkus

Die (an menschlichen Maßstäben gemessen) oft allzu unkontrollierten und spontanen Verhaltensweisen der Primaten stecken auch dahinter, wenn wir vom »Affenzirkus« sprechen oder meinen, jemand führe sich auf wie »vom wilden Affen gebissen«.

Das kommt davon, wenn man »seinem Affen Zucker gibt«, denn diese Leckerei steigerte nach früherer Vorstellung die Selbstverliebtheit dieser Tiere, die ohnehin schon als sehr eitel galten, also echte »Lackaffen« waren.

Ob »alberner Affe«, »blöder Affe« oder »eingebildeter Affe« – kaum ein Tier können wir so leicht als negatives Spiegelbild für menschliche Schwächen heranziehen wie unsere engsten Verwandten im Tierreich. Doch ist die elterliche »Affenliebe« wirklich so übertrieben, wie ihr gern unterstellt wird?

Das bunte Leben

Bei aller Liebe!

Über die Liebe behaupten unsere Sprichwörter oft Wunderliches: Sie trifft uns nicht nur mitten ins Herz, sondern sie spaziert auch durch den Magen, sie führt zur Erblindung – und vor allem eine langjährige Liebe ist enorm korrosionsbeständig!

Augenschädlich bis zur Erblindung?

»Liebe macht blind!« Das gilt zum Glück nicht im medizinisch-konkreten Sinne. Doch wer verliebt ist, verliert die Realität tatsächlich etwas aus dem Blick. Zunächst neigt er dazu, sämtliche Schwachpunkte des geliebten Menschen »mit dem Mantel der Liebe zuzudecken« – und so verborgen sieht er sie natürlich nicht. Allerhöchstens betrachtet man einander »durch die rosarote Brille«, und durch deren Schönfärberei erkennt man dann beim besten Willen nicht, dass man in Wirklichkeit vielleicht absolut nicht zusammenpasst.

Eine weitere liebesbedingte Sehstörung ist die, dass man »nur noch Augen für seinen Partner« hat und die Attraktivität anderer möglicher Herzenskandidaten überhaupt nicht mehr wahrnimmt. Dabei allerdings könnte die Natur sich durchaus etwas gedacht haben, denn stabile Paarbeziehungen – statt einer ständigen Suche nach dem *bestmöglichen* Partner – sind evolutionär gesehen ein klarer Vorteil bei der Aufzucht des Nachwuchses.

Der deutsche Dichter August von Platen hat dann noch ein weiteres, vor allem für Außenstehende sehr unangenehmes Symptom der Liebesblindheit entdeckt: »Verliebte sehen in der Welt nur sich; doch sie vergessen, dass die Welt sie sieht.«

»Alte Liebe rostet nicht!«

So übersetzen wir die gleichbedeutende lateinische Weisheit »Vetus amor non sentit rubiginem«. Eine bis zur Goldenen Hochzeit glücklich und neugierig aufeinander gebliebene Ehe etwa kann so eine ›Nirosta-Liebe‹ sein.

Häufiger aber meinen wir damit das heftige Aufflammen alter Romantik und Leidenschaft, wenn man seiner Jugendliebe nach langer Zeit wiederbegegnet. Früher hieß es dann: »Alte Lieb' und alter Span brennen leichtlich wieder an.« Das hängt wohl vor allem damit zusammen, dass gemeinsame Erfahrungen in der sehr prägenden Zeit des Heranwachsens eine ganz besonders intensive Vertrautheit und Verbundenheit schaffen. Kritisch werden solche Wiederbegegnungen allerdings dann, wenn man inzwischen anderweitig liiert ist ...

Durch den Magen: reines Bauchgefühl

Um dem (oft recht affärenträchtigen) alten Feuer etwas entgegenhalten zu können, müssen sich die heutigen Partner schon etwas einfallen lassen. Rat weiß hier ein weiteres Sprichwort: »Liebe geht durch den Magen!« Dieser Devise folgen alle braven Hausfrauen, die ihren Gatten und ihre Kinderschar speziell durch ihre Kochkünste erfreuen – und dadurch an sich binden.

Singles dagegen versuchen es mit dieser Methode gern beim First-Date-Dinner. Ein gutes Essen setzt in der Tat sogenannte ›Glückshormone‹ im Gehirn frei, die denen der frischen

Verliebtheit sehr ähneln. Und damit hängt vielleicht auch zusammen, dass wir einander manchmal »vor lauter Liebe schier auffressen könnten«?

Fortgeschrittene Sprichwortkenner erinnern sich hier auch an die Lebensweisheit: »Die Liebe ist die Köchin des Lebens; sie macht es erst schmackhaft, aber sie versalzt es auch oft.«

Essen hält Laib und Seele zusammen

Außer Kloßbrühe, Eisbein und Leberwurst gibt es in der verbalen Vorratskammer unserer Redewendungen noch vieles mehr zu entdecken. Allerlei Köstlichkeiten liegen einem da auf der

Zunge ... So viele, dass sich damit problemlos eine ganze Party bestreiten lässt, die Appetit auf mehr macht:

Jetzt wird gefeiert, bis die Schwarte kracht!

Zur Eröffnung des lukullischen Redewendungen-Reigens wird ein gut gelaunter Toast auf den Gastgeber ausgebracht. Dann genießt man gemeinsam die Sahnehäubchen des Lebens und lässt sich die Trauben in den Mund wachsen ...

So mancher erscheint zum Fest wie aus dem Ei gepellt. Man aalt sich auf dem Präsentierteller und zeigt sich von seiner Schokoladenseite. Sogar dem Spargeltarzan ist es gelungen, sich im Fitnessstudio etwas mehr Muskelschmalz anzutrainieren. Den albernen Hühnern, die jetzt noch über ihn gackern, wird er es schon zeigen! Manchmal findet ja auch ein blindes Huhn ein(en) Korn – und gleich daneben seine Schnapsdrossel!

Gewisse freche Früchtchen geben dem Affen kräftig Zucker, sie kochen den Suppenkasper mit ihrem süß lächelnden Erdbeermund butterweich, kichern wie ein Backfisch – und bandeln prompt ein kleines Bratkartoffelverhältnis an. Die sticht wohl der Hafer? Dann werden sie sich irgendwann aber auch mit so unromantischen Tatsachen wie den Käsefüßen ihres Liebsten abfinden müssen ...

Andere Obst-und-Gemüse-Flirter haben Tomaten auf den Augen und werden ganz schön durch den Kakao gezogen. Wer zu kleine Brötchen backt oder sich die Butter vom Brot nehmen lässt, wird eben nie das Grillhähnchen im Korb sein!

Zu einem gelungenen Gesprächsstoff-Büffet gehören natürlich unbedingt auch ein paar (nicht anwesende) Zimtzicken, treulose Tomaten und beleidigte Leberwürste, über die nun in bester Bierlaune hergezogen wird:

»Dumm wie Brot sind die doch, diese Rübennasen!«

»Ja, die sollen doch hingehen, wo der Pfeffer wächst!«

Andere Partygäste interessieren sich für solche lukullischen Lästereien jedoch nicht die Bohne. »Das ist mir doch Wurst«, sagen die, »Alles kalter Kaffee, nix wie olle Kamellen!« Denen aber, mit denen einfach nicht gut Kirschen essen ist – die ständig ins Fettnäpfchen treten oder den anderen furchtbar auf den Keks gehen – wird die Petersilie vermutlich schon verhageln.

Da kann der fürsorgliche Gastgeber noch so sehr darauf achten, dass es hier nicht zieht wie Hechtsuppe und die Gäste keine Eisbeine bekommen ... Na ja, schließlich wird überall nur mit Wasser gekocht. Insgesamt läuft das Fest doch wie geschmiert – alles in Butter! Friede, Freude, Eierkuchen!

Aber: Nicht auf den Lorbeeren ausruhen! Beim nächsten Mal wird der Braten rechtzeitig gerochen, da wird einen dieser abgebrühte und ausgekochte Partyservice nicht wieder so in die Pfanne hauen und zum Schluss eine gepfefferte Rechnung präsentieren! Doch was bekommt man heute schon für'n Appel und 'n Ei?

Wo der Pfeffer wächst, ist alles in Butter

In der ›Essenssprache‹ lässt sich vieles treffsicher auf den Punkt bringen: Denn wenn eine Rechnung gezuckert statt gepfeffert wäre, dann würde man darüber ja schließlich nicht den Mund verziehen, oder?

Wahrscheinlich aber wurzelt diese Redewendung darin, dass der Pfeffer im Mittelalter tatsächlich sehr teuer war. Schließlich kam er ja vom anderen Ende der Welt – eben von daher, »wo der Pfeffer wächst«. Wer unliebsame Mitmenschen ins Pfefferland wünscht, dachte im 19. Jahrhundert aber auch gezielt an das südamerikanische Cayenne, wo es eine berüchtigte Strafkolonie gab.

Mit »Bei uns ist alles in Butter!« dagegen soll ein Berliner Gastwirt ursprünglich tatsächlich einmal ganz konkret die Frage beantwortet haben, ob seine Speisen mit billigen Fetten zubereitet seien. (Butter galt damals als besonders gutes Fett.)

Olle Kamellen in der Hechtsuppe?

»Olle Kamellen« sind wider Erwarten keine vom Rosenmontagszug nachgebliebenen Naschereien, sondern zu lange gelagerte Kamillenpflanzen, die ihre Heilkraft und ihr Aroma verloren haben und dem Apotheker so nichts mehr nützen.

Hechtsuppe dagegen lässt man zwar tatsächlich lange ziehen ... doch sehr wahrscheinlich wurde hier schlichtweg der jiddische Ausdruck für Sturm, »hech supha«, etwas eigenwillig eingedeutscht.

Ein Toast auf die Backfische!

Wer einen Toast ausbringt, folgt der englische Tischsitte, nach der derjenige, der eine Scheibe Röstbrot in seinem Glas findet, einen Trinkspruch von sich geben muss.

Der etwas altmodische Backfisch dagegen kommt nicht aus dem Ofen, sondern vom englischen »backfish«. Dieser Begriff bezeichnet Fische, die ins Wasser zurückgeworfen werden, weil sie noch zu klein für den Verkauf sind; ganz so, wie halbwüchsige Mädchen noch nicht für den Heiratsmarkt taugen.

Sie sind eben »weder Fisch noch Fleisch« – eine Redensart aus der Zeit der Reformation, als viele sich nicht entscheiden konnten, ob sie sich zu den katholischen Lebensregeln (Freitag = Fischtag) oder zu den protestantischen (kein Fleischverbot) bekennen wollten.

Tomaten, Bratkartoffeln, Eierkuchen!

Warum aber sind Tomaten treulos? Das verdanken sie dem Umstand, dass sie in Italien so reichlich genossen werden – und deshalb mit den Italienern gleichgesetzt wurden, die im Ersten Weltkrieg gegen die im Dreibund zwischen Deutschland,

Österreich/Ungarn und Italien getroffenen Vereinbarungen verstießen.

Auch das »Bratkartoffelverhältnis« entstand in kriegerischen Zeiten, in denen kurzfristige Liebesbeziehungen aus Versorgungsgründen recht verbreitet waren.

»Friede, Freude, Eierkuchen« dagegen herrschte dann am Ende des Zweiten Weltkriegs, das mit dieser einfachen, allgemein verfügbaren Leckerei gefeiert wurde.

Dummes Brot und Bohnenstroh

Die Wendung »Der ist dumm wie Brot!« leuchtet insofern ein, als Nahrungsmitteln generell ja kein allzu hoher IQ zuzusprechen ist. Doch warum ist ausgerechnet das Brot dumm, und nicht der Käsekuchen oder die Karotte?

Brot war einst ein Attribut der mittelalterlichen Narren. Es sollte symbolisieren, dass der gottlose Frevler, der das Volk mit seinen Faxen vom rechten Glauben abbrachte, es dadurch *wie ein Brot verschlingen* wollte.

In der DDR gab es dazu dann noch die Steigerung »dumm wie ein Konsumbrot« – denn das von der ostdeutschen Konsumgenossenschaft hergestellte Backprodukt wurde als weitaus weniger gehaltvoll eingeschätzt als ein Brot vom Bäcker.

Qualitätsunterschiede sind auch im Spiel, wenn »dumm wie Bohnenstroh« noch etwas dümmer ist als nur »strohdumm«. Aus Stroh wurden früher Matratzen hergestellt. Sehr arme Leute aber mussten hierfür das weitaus gröbere und härtere Kraut der Futterbohnen verwenden, das gar nichts kostete, also komplett wertlos war. »Nur Stroh im Kopf zu haben« ist dann aber immer noch besser als »völlig hohl in der Birne zu sein«!

Weisheiten löffelweise

Besonders hohl sind Hohlköpfe, die sich selbst für ausnehmend klug halten. Ihnen wird mit der ironischen Wendung »Der meint wohl, er hätte die Weisheit mit Löffeln gefressen!« die naive Vorstellung unterstellt, dass man sich Wissen genauso simpel einverleiben kann wie ein Süppchen.

Auf Plattdeutsch spottet man hier noch rigoroser: »De hett de Verstand mit Schumlepel freten« – also mit Schaumlöffeln, die ja bekanntlich voller Löcher sind.

Arroganz in Kirschenform

Herzförmig, wie sie sind, gelten Kirschen seit jeher als Symbol der Liebe und Zuneigung. Doch auf die Idee, dass mit unfreundlichen Menschen »nicht gut Kirschen essen ist«, kam der Volksmund aus einem anderen Grund.

In ihrer ursprünglich längeren Form nämlich warnte diese Redewendung die einfachen Leute vor dem Hochmut der Reichen und Mächtigen: »*Mit hohen Herren* ist nicht gut Kirschen essen, sie spucken einem die Kerne ins Gesicht.«

Das Sprichwort entstand wahrscheinlich schon im Mittelalter und damit zu einer Zeit, als sich nur Klöster und Adlige den Anbau von Kirschbäumen leisten konnten. Die süßesten Früchte aßen damals also wirklich nur die großen Tiere, das arme Volk musste in den sauren Apfel beißen.

Zankapfel Nr. 1:
Wer ist die Schönste im ganzen Land?

Das fruchtige Streitobjekt »Zankapfel« gab es schon in der altgriechischen Mythologie. Dieses von Eris, der Göttin der Zwietracht, kreierte Spezialobst trug die Aufschrift »der Schönsten«; und dieser Ehrentitel wurde von den drei Göttinnen Hera, Athene und Aphrodite gleichermaßen beansprucht.

Da forderten sie den trojanischen Königssohn Paris auf, ein Urteil zu fällen. Paris erwählte die Liebesgöttin Aphrodite zum ersten ›Top-Model‹ der Welt. Zum Dank verkuppelte Aphrodite ihn mit der wunderschönen, aber leider verheirateten Helena – und beschwor dadurch den Trojanischen Krieg herauf.

Veräppelt und angepflaumt

Ganz ohne echtes Obst kommen wir jedoch aus, wenn wir jemanden »veräppeln«, ihn also etwas Falsches glauben lassen und dadurch lächerlich machen. Dieser Begriff geht auf das jiddische Wort »eppel« zurück, meinen die Sprachforscher, was so viel bedeutet wie »nichts«. *Nichtiges* glauben also? Plausibel wäre jedoch auch eine Herleitung vom jiddischen »ewil«, was schlicht und einfach »Dummkopf« bedeutet.

Eine weitere völlig Frucht-lose Tätigkeit ist es, andere Menschen »anzupflaumen«, sie also schroff anzufahren oder zu beschimpfen. Mit »Pflaumen« ist hier nämlich der Vorgang des Federnausrupfens, das sogenannte »Flaumen« gemeint, das früher mit »pf« geschrieben wurde. Wer angepflaumt wird, muss also Federn lassen – und steht dann da wie ein gerupftes Huhn, aber nicht wie eine Zwetschge.

Ei der Daus! Kolumbus' kluge Experimente

Sehr viele Redensarten rund ums Ei erklären sich ganz naturgemäß: Abgesehen von Farbe, Größe und Herkunftsstempel gleicht ja tatsächlich »ein Ei dem anderen« so sehr, wie wir Menschen es nur durch Zwillingsgeburten hinbekommen.

»Wie aus dem Ei gepellt«, also so strahlend rein, weiß und glänzend wie das gekochte Ei unter der Schale dagegen erscheint uns ein besonders gepflegter Mensch. Und die Zerbrechlichkeit noch nicht zubereiteter Hennenprodukte inspiriert uns dazu, jemanden »wie ein rohes Ei zu behandeln« und daher aus schwierigen Gesprächen einen wahren »Eiertanz« zu machen.

Einleuchtend ist auch, dass es sich nicht lohnt, »über ungelegte Eier zu reden«, sich also über etwas Gedanken zu machen, das noch gar nicht zur Tatsache geworden ist.

Warum aber spricht man dem Entdecker Amerikas sein ganz spezielles Ei zu? Das »Ei des Kolumbus« nämlich, das sprichwörtlich für die verblüffend einfache Lösung eines scheinbar unlösbaren Problems steht? Eine von dem italienischen Historiker Girolamo Benzoni überlieferte Anekdote berichtet, dass Christoph Kolumbus einst bei einem Festmahl des Kardinals Mendoza die Bemerkung an der Ehre kratzte, dass es eigentlich doch eine ganz leichte Sache wäre, die Neue Welt zu entdecken – jeder andere hätte es auch tun können.

Daraufhin nahm Kolumbus ein Ei und fragte, wer von den Anwesenden es auf die Spitze stellen könne. Trotz vieler Versuche schaffte das niemand. Kolumbus aber schlug das Ei einfach leicht oben an, und mit eingedrückter Spitze gelang der Kopfstand problemlos. Wieder murrten die übrigen Gäste, dass sie *das* auch gekonnt hätten. Da antwortete Kolumbus: »Der Unterschied ist, meine Herren, dass Sie es hätten tun *könne*n, ich hingegen *habe* es getan!«

In vino veritas

Ob auf Lateinisch oder auf Deutsch: »Im Wein liegt die Wahrheit!« Diese Weisheit besagt schlicht, dass betrunkene Menschen meist ehrlicher sind und ihren wahren Gefühlen eher nachgeben als nüchterne. Erstmals wurde diese zeitlose Erkenntnis von dem griechischen Dichter Alkaios von Lesbos (630-580 v. Chr.) in Worte gefasst.

Die Römer konnten diese – von Plinius dem Älteren (ca. 23-79 n. Chr.) inzwischen ins Lateinische übersetzte – Einsicht dann nur bestätigen. Ihr Historiker Tacitus (ca. 58-120 n. Chr.) beobachtete zum Beispiel, dass die Germanen bei ihren Ratsversammlungen stets fleißig Alkoholhaltiges tranken; denn sie glaubten, dass niemand erfolgreich lügen könne, wenn er betrunken sei.

Viele Jahrhunderte später wusste Friedrich Hebbel (1813-1863) dann zu ergänzen: »Im Wein liegt Wahrheit – und mit der stößt man überall an.«

Wasser in Wein verwandeln? Geht ganz leicht!

Auch dann, wenn wir »jemandem reinen Wein einschenken«, sagen wir ihm offen und unverblümt die ganze Wahrheit – so unangenehm sie auch sein mag. Anlass zu dieser Redewendung gaben jedoch nicht die Weintrinker selbst, sondern deren Wirte. Vom Mittelalter bis ins 17. Jahrhundert hinein war es in Gasthäusern nämlich durchaus üblich, den ausgeschenkten Wein mit Wasser zu verlängern oder anderweitig zu verpanschen. Nur grundehrliche Gastwirte servierten wirklich unverfälschten, *reinen* Wein. Da verwässerter Wein natürlich längst nicht mehr so berauschend wirkt wie der reine Rebensaft, wird auch verständlich, warum wir jemandem »Wasser in den Wein gießen«, wenn wir seine hochfliegenden Pläne kritisieren und so die Begeisterung erheblich dämpfen.

Aus Alt mach Neu – der Schlauchtrick

So recht mit rechten Dingen geht es aber auch nicht zu, wenn man entweder »alten Wein in neuen Schläuchen« anbietet – oder umgekehrt »jungen Wein in alte Schläuche füllt«. Wenn man also entweder alte Inhalte nur neu benennt und verpackt – oder aber Neuerungen nur halbherzig in alte Strukturen einfügt. Kurz: Wenn man keine echten, grundlegenden Reformen wagt, sondern ein Täuschungsmanöver betreibt.

Diese Wendungen wurzeln in biblischen Zeiten, als der Wein noch nicht in Fässern und Flaschen, sondern in Schläuchen aus zusammengenähten Ziegenfellen aufbewahrt wurde. Sie geht auf ein von Matthäus (9,17), Lukas (5,37) und Markus (2,22) überliefertes Gleichnis zurück, das sich – isoliert betrachtet – fast wie ein Praxistipp für Winzer liest: »... niemand fasst Most in alte Schläuche; sonst zerreißt der Most die Schläuche, und der Wein wird verschüttet, und die Schläuche kommen um. Sondern man soll Most in neue Schläuche fassen.«

Wein, Weib und Gesang

Wo wir gerade bei der Bibel sind ... Martin Luther (1483-1546) soll ja gesagt haben: »Wer nicht liebt Wein, Weib und Gesang, der bleibt ein Thor sein Leben lang.« Andererseits soll er aber auch gesagt haben: »Der Wein und die Weiber bringen manchen Jammer und Herzeleid, machen viele zu Narren und zu wahnsinnigen Leuten.« Was denn nun?

Wahrscheinlich bringt einen die Übersetzung der Heiligen Schrift manchmal schon etwas durcheinander! Denn da steht ja auch einerseits: »Der Wein erfreut des Menschen Herz.« (Psalm 104,15) Und andererseits: »Berauscht euch nicht mit Wein – das macht zügellos –, sondern lasst euch vom Geist erfüllen!« (Epheser 5,18)

Dichterfürst Goethe (1749-1832) aber hatte zum Thema eine durchgängig positive Einstellung, er meint klipp und klar: »Ein Mädchen und ein Gläschen Wein sind die Retter in der Not, denn wer nicht trinkt und wer nicht küßt, der ist so gut wie tot.«

Sich regen bringt nicht immer Segen ...

»Dich werd' ich auf den Topf setzen! Ich lass' mich von dir nicht länger in die Pfanne hauen!«

»Nun bleib aber auf dem Teppich!«

»Du hast ja nicht mehr alle Tassen im Schrank!«

»Kehr' du lieber vor deiner eigenen Tür!«

Es ist nicht zu überhören: bei Herrn und Frau Wortgewaltig »hängt der Haussegen schief«.

Der Haussegen hängt schief?

Der Haussegen, den wir heute meist nur im übertragenen Sinne kennen, wurde in früheren Zeiten tatsächlich direkt in das Dachgebälk eingeschnitzt oder an die Wand geschrieben. Sprüche wie »Sich regen bringt Segen« sollten das Haus und seine Bewohner unter den Schutz Gottes stellen und gleichzeitig zu Tugend und Gottesfurcht ermahnen.

Im 19. Jahrhundert kamen dann dekorativ mit Ornamenten, Engelsköpfen und anderen Motiven verzierte, gemalte oder bestickte Tafeln mit dem Haussegen in Mode, die wie Bilder an die Wand gehängt wurden. Und damit bekam der Haussegen die Chance, auch einmal schief zu hängen und dadurch Missstimmigkeiten in der Familie anzuzeigen: Handgreifliche Auseinandersetzungen etwa, bei denen man wutentbrannt mit Tellern oder Tassen nach einander warf, konnten den Segen in Schräglage bringen, wenn er getroffen wurde. Doch auch eine nachlässige Hausfrau, die es versäumte, Verrutschtes wieder geradezurücken, und dadurch ihren Gatten verärgerte, sah hier ihr Mahnmal an der Wand.

Vorwürfe hinterm Vorhang

Ein weiterer Klassiker der ehelichen Auseinandersetzung ist eine besondere Form der Strafpredigt, nämlich die »Gardinenpredigt«. Mit ihr hatten ursprünglich speziell die Männer zu rechnen, die viel zu spät von einem feuchtfröhlichen Kneipenabend nach Hause kamen. Die Frau war dann bereits im Bett – und beschimpfte den Beschwipsten von hier aus durch eine »Gardine« beziehungsweise durch den Vorhang, mit denen die Betten früher verhängt wurden.

Trennung von Tischtuch und Bettdecke

Dabei ist die Ehe eigentlich ja so gedacht, dass man ein Leben lang »unter einer Decke steckt«. Auch das war früher ganz wortwörtlich gemeint: Nach mittelalterlichem Eherecht mussten die Brautleute erst gemeinsam vor Zeugen unter ihre gemeinsame Bettdecke gekrochen sein, bevor die Ehe für rechtskräftig erklärt wurde.

Kam es dagegen zur Scheidung, dann wurde – wiederum ganz konkret – zwischen ihnen »das Tischtuch zerschnitten«. Jeder der beiden Ehepartner stand dann (symbolisch gesehen) nur noch mit der Hälfte des Hausrates da, und das war damals äußerst ehrenrührig.

Heute besagt die Redewendung allgemeiner, dass eine Gemeinschaft aufgelöst oder eine Freundschaft aufgekündigt wird. Man ist füreinander also definitiv »weg vom Fenster« statt sich weiterhin gegenseitig »aufs Dach zu steigen«.

Hempels Sofa, mit Tisch

Machen wir endlich reinen Tisch! Schieben wir das Problem nicht länger auf die lange Bank, sondern bringen wir es endlich aufs Tapet: Manche Redensarten sind einfach unerklärlich! Wer etwa ist diese Familie Hempel, unter deren Sofa eine grauenvolle Unordnung herrscht? Das weiß wirklich keiner so genau.

Wer rumpelt hier? Der Hampelmann?

Sehr wahrscheinlich leitet sich dieser sprichwörtliche Inbegriff einer verschlampten Sippschaft jedoch nicht von einschlägigen Erfahrungen mit tatsächlichen Menschen her, sondern von dem – zu Martin Luthers Zeiten noch recht verbreiteten – Wort »Hampel«, mit dem man früher ungebildete und unkultivierte Menschen im Allgemeinen bezeichnete; Holzköpfe eben, ganz wie sie ja noch heute auf den Hampelmännern im Kinderzimmer sitzen. Erst im 20. Jahrhundert verhaspelte sich der nun kaum noch vertraute Hampel zur Legende von Hempels Sofa.

In der Schwebe:
Das Lange-Bank-Wesen der Juristen

Die lange Bank dagegen, auf die wir schwierige Entscheidungen und Aufgaben so gern schieben, stand ursprünglich in Gerichtsgebäuden. Hier nämlich gab es früher längliche, bankähnliche Truhen, die nicht nur als Sitzgelegenheit dienten, sondern in – und gelegentlich auch *auf* – denen auch die Akten zu den laufenden Prozessen abgelegt wurden.

Die ältesten Fälle lagen dabei an einem Ende, die neueren am andern, und von hier aus rutschten sie Häufchen für Häufchen nach, sobald ein alter Stapel abgearbeitet war und der nächstältere an die Reihe kam. Je nach Anzahl der Stapel auf der Bank und dem Arbeitstempo der Richter konnte es schon sehr lange dauern, bis ein Fall endlich Beachtung fand. Nun ja, »aufgeschoben ist ja nicht aufgehoben«.

Noch länger aber dauerte es, wenn sich ein Verfahren »in der Schwebe« befand. Denn dann wurden die dazugehörigen Akten aus Platzgründen mit einem Seil an die Decke gehängt. Hier mussten sie dann baumelnd warten, bis zumindest am hinteren Ende der langen Bank ein Eckchen für sie frei wurde.

Hoffnungsfroh gespannt

Und was ist mit dem »grünen Tisch« gemeint, an dem allerlei klug ausdiskutierte Entscheidungen getroffen werden, deren praktischer Nutzen jedoch noch nicht erwiesen ist? Mit grünem Tuch, Samt oder Leder bezogene Konferenztische gehörten früher zur Grundausstattung vieler Beratungs- und Verhandlungszimmer. Grün ist ja schließlich die Farbe der Hoffnung ... dass das, was man hier frankophil »aufs Tapet«, also zur Sprache (beziehungsweise auf ebendiese Tischbespannung) bringt, letztendlich *goldene* Früchte tragen wird!

Unter einen Hut gebracht

Jahrhundertelang setzte man (und frau) ganz selbstverständlich einen Hut auf, wenn er oder sie das Haus verließ; doch seit den 1960er-Jahren ist diese Kopfbedeckung zum »alten Hut« geworden, also völlig aus der Mode gekommen. Nur in der Welt der Redensarten, da trägt, zieht und nimmt man den Hut bis heute noch oft und gern.

»Hut ab!« Zum Beispiel nehmen ...

In der Zeit, als jeder noch »gut behütet« zur Arbeit ging, hielten die Ämter, Büros und Geschäfte für ihre Angestellten dazu passende Garderoben mit Huthaken bereit. Nach einer Kündigung aber blieb dieser Haken leer. Der Entlassene hatte hier sehr anschaulich seinen Platz in der Firma verloren, er musste ganz konkret »seinen Hut nehmen« und gehen.

Die Geste, vor jemandem bei der Begrüßung respektvoll »den Hut zu ziehen«, war bereits im 13. Jahrhundert bekannt. Möglicherweise geht diese Sitte auf den Brauch zurück, bei mittelalterlichen Turnieren das Visier aufzuklappen beziehungsweise den Helm abzunehmen, um dem Gegner Vertrauen oder auch Unterwürfigkeit zu signalisieren.

Ursprünglich nahm nur der Rangniedere den Hut ab, um den Ranghöheren zu ehren. Heute aber würdigen wir mit den sprichwörtlichen Hutziehen nicht nur Menschen, sondern auch Leistungen, Ideen oder ganze Nationen.

»Das können Sie sich an den Hut stecken!«

So sagen wir umgekehrt, wenn wir etwas absolut nicht schätzen und verächtlich zurückweisen. Die Herkunft dieser Wendung ist ungeklärt, der Duden vermutet jedoch, dass sie von eher wertlosem Hutschmuck wie Federn und Papier- oder Wiesenblumen inspiriert wurde.

An den Hut steckte man sich früher aber auch kleine Jagdtrophäen, Pilgerabzeichen und andere Anstecknadeln, die die eigenen Leistungen oder die Zugehörigkeit zu einer bestimmten Gruppe veranschaulichten.

Wer davon »nichts am Hut« hatte, grenzte sich also bewusst von bestimmten Gemeinschaften oder Werten ab; und wer sich umgekehrt durch eine einheitliche Dekoration zusammen mit anderen »unter *einen* Hut bringen« ließ, der stand für alle ersichtlich dazu, dass sich die Köpfe darunter auf ein gemeinsames Ziel geeinigt hatten – oder dem Willen eines bestimmten Herrschers folgten.

Um 1848 etwa trug man breitrandige graue Filzhüte als Zeichen der demokratischen Gesinnung, und jn Schweden gab es im 18. Jahrhundert sogar eine Partei, die sich »Hattarne«, also »Hüte« nannte.

Kamerad Schnürschuh, der Pantoffelheld

Ein Mann, der immer brav macht, was seine Gattin will, »steht unter dem Pantoffel«, sagt man. Wem kann man dafür »die Schuld in die Schuhe schieben«?

Der Machtkampf der (Haus)Schuhe

Das, worauf man seinen Fuß (und damit den Schuh) setzt, das hat man in seiner Macht, glaubte man früher. Und der Pantoffel, also der leichte Hausschuh, den man in den eigenen vier Wänden trägt, gehörte traditionell zur Tracht der Frauen, deren Hauptaufgabe es damals ja war, Heim und Herd zu hüten. Er symbolisierte also den Frauenfuß.

Nun ist zwar der Brauch überliefert, dass Brautpaare bei der Hochzeitsfeier versuchten, einander gegenseitig auf den Fuß zu treten, um herauszufinden, wer in der Ehe das Sagen haben würde – doch vielleicht reichte es schon aus, wenn die Ehefrau bei einem Streit ihren Puschen auszog und bedrohlich über dem Kopf des Gatten schwang, um ihn zum kläglichen »Pantoffelhelden« zu machen.

Der gestiefelte Wagemut – verträgt allerlei!

Schnürschuhe dagegen wurden vorzugsweise von *ganzen* Kerlen getragen. »Kamerad Schnürschuh« nämlich nannten die Soldaten der preußischen Armee (zu deren Uniform *Schaft*stiefel gehörten) ihre Kollegen vom österreichisch-ungarischen Militär, deren Stiefel Schnürsenkel hatten.

Doch ob Schaft oder Senkel – auf jeden Fall sollte ein Soldat schon »einen Stiefel vertragen können«, also auch bei reichlich Alkoholkonsum standfest bleiben. Verschiedene Anekdoten berichten zwar von militärischen und anderen Raubeinen, die tatsächlich aus ihrer Fußbekleidung tranken – doch wahrscheinlicher ist, dass die früher gebräuchlichen Weinbeutel aus Leder scherzhaft »Stiefel« genannt wurden. Größere Trinkgefäße in Stiefelform, wie wir sie noch heute aus Glas kennen, kamen dann ab dem 16. Jahrhundert in Mode.

Welcher Schuh hat Schuld?

Der Trick, anderen »die Schuld in die Schuhe zu schieben« und sie für die eigenen Missetaten büßen zu lassen, stammt aus der Zeit, als Reisende in Herbergen noch mit mehreren wildfremden Menschen ein Zimmer teilen mussten – und natürlich ihre Schuhe auszogen, bevor sie zu Bett gingen. Für reisende Räuber war das sehr praktisch, denn so konnten sie ihr Diebesgut über Nacht einfach in den vors Bett gestellten Schuhen anderer Leute verstecken. Wenn die Beute entdeckt wurde, wurden natürlich die *naheliegendsten* Schläfer als Täter verdächtigt.

Und wo drückt er?

Doch auch Kummer und Schmerz können sich im Schuhzeug verbergen. Denn wirklich »wissen, wo ihn der Schuh drückt« – das kann ja nur der, der ihn trägt. Im wörtlichen wie im übertragenen Sinne …

Diese Analogie hat eine lange Tradition: Bereits um 100 nach Christi Geburt erwähnt der griechische Schriftsteller Plutarch sie in einer Anekdote über den Römer Lucius Aemilius Paullus, der mit dem Verweis auf solche intimen Schuherfahrungen die Gründe für seine Scheidung von einer schönen, reichen und allgemein als tugendhaft angesehenen Frau geheim hielt. Drückten ihn etwa die herrschsüchtigen Pantoffeln seiner Gattin?

Howgh, liebe Bleichgesichter

Höchste Zeit, »das Kriegsbeil zu begraben« und gemeinsam »die Friedenspfeife zu rauchen«! Wenn wir mit solchen Worten dazu ansetzen, einen Streit beizulegen, dann sind wir gedanklich mitten in der spannenden Welt der Indianerromane, in die der amerikanische Schriftsteller James F. Cooper (1789-1851) und sein deutscher Berufskollege Karl May (1842-1912) schon etliche Generationen entführt haben.

Begrabene Beile und friedliche Pfeifen

Das Kriegsbeil und die Friedenspfeife kamen Ende des 19. Jahrhunderts mit der Übersetzung von Coopers Lederstrumpf-Erzählungen in den deutschen Sprachgebrauch. Hinter dem Beil verbirgt sich der Tomahawk, der den nordamerikanischen Indianern unter anderem als Streitaxt im Kampf diente. In Friedenszeiten wurde die Waffe symbolisch im Boden vergraben.

Mit der Friedenspfeife dagegen ist das Kalumet gemeint, die heilige Pfeife, über deren Rauch die Cheyenne und andere Indianerstämme beim Gebet in Kontakt zu höheren Mächten traten. Deren Segen wurde auch eingeholt, wenn die Pfeifen beim Abschluss von Verhandlungen, Geschäften oder Verträgen zur Besiegelung der Entscheidung von allen Beteiligten gemeinsam geraucht wurden. Für die weißen Siedler im Indianerland, die an diesem Ritual teilhaben durften, war dies also wahrlich eine Friedensgarantie.

Der letzte Mohikaner kennt keinen Schmerz?

Eine der bekanntesten Romanfiguren Coopers, »Der letzte Mohikaner« (also Lederstrumpfs Freund Chingachgook), ist dann sogar selbst zu einer Redewendung geworden, mit der sich – vom letzten Euro im Portemonnaie bis hin zum letzten Zeitzeugen oder Vertreter einer Idee – so ziemlich alles bezeichnen lässt, was von einst vielfach Vorhandenem noch übrig ist.

Coopers Roman berichtet (nicht unbedingt den Fakten entsprechend) vom Untergang der ursprünglichen Bewohner

Nordamerikas angesichts der vorrückenden europäischen Siedler. Geschwächt wurden die Indianer nicht zuletzt durch den ihnen vorher völlig unbekannten, erst von den Bleichgesichtern aus Europa eingeführten Alkohol, den Karl Mays Winnetou grimmig »Feuerwasser« nennt.

Nun ja, werden zynische Naturen da sagen, »ein Indianer kennt keinen Schmerz«. Wortwörtlich gibt es keinen Beleg für den Ursprung dieser Redensart bei Cooper oder May. Hier fasst der Volksmund wohl einfach kurz das Stereotyp zusammen, das uns aus diesen Romanen entgegenleuchtet: der Indianer als furchtloser Krieger, der *jeder* Verletzung tapfer standhält.

Was für ein Theater!

Ob wir nun eine größere Familienfeier planen oder eine schwierige berufliche Aufgabe zu bewältigen haben: Wir wünschen uns meist einfach nur, dass alles »reibungslos über die Bühne geht«, also bestens klappt. Denn andernfalls könnten der Chef, die lieben Kleinen oder Tante Bertha sich ja fürchterlich aufregen und gewaltig »Theater machen« – und das wünschen wir uns eher nicht!

Vielleicht sind es die oft übertrieben pathetischen Schauspieler früherer Zeiten, die uns da immer noch im Sprachgedächtnis sitzen, wenn wir andere mit den Worten »Mach jetzt kein Theater!« davon abhalten wollen, etwas aufzubauschen, sich durch übertrieben große, aufgeregte Gesten zu blamieren oder uns Schwierigkeiten zu bereiten.

»Der spielt doch nur Theater!« vermuten wir dagegen dann, wenn uns ein Verhalten gekünstelt, heuchlerisch und verlogen vorkommt.

Hinter den Kulissen ...

So schön und anregend ein Theaterabend auch ist – rein redensartlich betrachtet stehen wir der Bühnenwelt meist eher skeptisch gegenüber. Sogar dem Bühnenbild trauen wir nicht so recht. Was passiert in dem Bereich, der dem Publikum verborgen bleibt? Wem es gelingt, »einen Blick hinter die Kulissen zu werfen« (wer also im wahrsten Sinne des Wortes die Hintergründe erkennt), der wird meist enttäuscht und ernüchtert feststellen, dass die verborgene Rückseite der vorn so hübsch bemalten Schiebewände äußerst karg und schäbig aussieht.

In der Versenkung verschwunden?

Doch auch direkt vor den Augen der Zuschauer wird im Theater mit allerlei Tricks gearbeitet: An kaum erkennbaren Drahtseilen schweben die Engelchen hoch oben am Bühnenhimmel, während der Teufel (mit mehr oder weniger viel Schall und Rauch und Lichteffekten) im Boden versinkt; genauer gesagt: »Er verschwindet in der Versenkung.«

Die Versenkung ist eine Öffnung im Bühnenboden nebst einer Plattform, die sich hinauf- und hinunterfahren lässt. Sprichwörtlich lässt dieses bühnentechnische Hilfsmittel dann nicht nur Darsteller oder Requisiten, sondern auch unpopuläre Menschen und schwierige Themen aller Art verschwinden. Doch die Hebebühne funktioniert auch umgekehrt: Man kann genauso gut urplötzlich auch wieder »aus der Versenkung auftauchen«!

Hornbergs Schützenfest

Wenn um ein Vorhaben vorab viel Aufhebens gemacht wird, es dann aber kläglich missglückt – dann sagen spitze Zungen gern: »Na, das ging ja aus wie das Hornberger Schießen!« Warum?

Im Brennpunkt dieser schon im ersten Akt von Friedrich Schillers *Die Räuber* (1781/82) zitierten Redewendung steht nicht etwa ein sehr ungeschickter Jägersmann namens Hans Hornberg, sondern das Schwarzwaldstädtchen Hornberg in Baden-Württemberg, das aus seiner sprichwörtlich unrühmlichen Berühmtheit inzwischen eine touristische Tugend macht.

Bühne frei – für eine Redensart!

Alljährlich in den Sommermonaten nämlich wird auf der Hornberger Freilichtbühne ein Theaterstück aufgeführt, das uns erklärt, wer da warum so dumm geschossen hat. Das Volksschauspiel des Hornberger Bürgers Erwin Leisinger aus dem Jahr 1955 erzählt folgende Geschichte:

Nach einem Krieg machte der Herzog Christoph von Württemberg anno 1564 eine Reise durch das Land und meldete dabei auch einen Besuch in Hornberg an. Um dem Landesvater die gebührenden Ehren zu erweisen, beschlossen die Hornberger, ihn mit feierlichen Salutschüssen zu empfangen.

Als der große Tag kam, hielt ein Wächter auf dem hoch gelegenen Schlossturm schon vom frühen Morgen an Ausschau nach dem Tross des Herzogs, der irgendwo im Gutachtal auftauchen müsste. Doch der ließ auf sich warten.

Es war ein heißer Sommertag, und der Wächter stillte seinen Durst nicht nur mit Wasser … Endlich sah er in der Ferne eine große Staubwolke herannahen und blies in sein Horn, um das Signal zum Beginn der Salutschüsse zu geben. Die Lunten an den Kanonen wurden gezündet, die Bürger jubelten – und erkannten dann, dass es nur eine simple Postkutsche war, der sie die herzoglichen Ehren zukommen ließen. Mit ähnlich voreiligem Getöse bedachte man dann auch noch die Staubwolken, die ein Krämerkarren und ein Hirte mit seiner Rinderherde aufwirbelten.

Als Seine Hoheit endlich tatsächlich eintraf, war alles Pulver schon verschossen. Kurzerhand ersetzten die Hornberger da den geplanten Kanonendonner, indem sie einfach selbst lautstark »Piff-Paff, Piff-Paff« riefen.

Der Landesherr fühlte sich zunächst schändlich veralbert, war dann aber doch sehr amüsiert über die Vorgeschichte – und darin tat man es ihm schon bald in allen deutschen Landen gleich.

Stimmt das so?

Diese – historisch nicht definitiv verbürgte – Version des Hornberger Schießens ist den zurzeit rund 4300 Hornberger Bürgern die liebste. Es gibt aber auch Überlieferungen, nach denen die gesamte Munition bereits bei den *Proben* zu den Böllerschüssen aufgebraucht wurde.

Nein, sagt eine andere Legende, die wahren Fehlschüsse der Hornberger krachten bereits im Jahre 1519. Damals wurde aus der von den benachbarten Villingern belagerten Stadt derart wild und planlos gefeuert, dass Pulver und Kugeln schon bald verbraucht waren. Man entwaffnete sich also sozusagen selbst – und wurde zur leichten Beute.

Oder ist es vielleicht einfach nur so gewesen, dass sich die Hornberger einst dadurch blamierten, dass sie mit großem Getöse die Nachbarstädte zu einem Preisschießen einluden – und am Tag der Veranstaltung dann zwar an alles gedacht hatten, nur nicht an das Schießpulver?

Kurz: Nichts Genaues weiß man nicht; und daher gehen Erklärungsversuche zum Hornberger Schießen letztendlich auch aus wie das Hornberger Schießen.

Mit Pauken und Trompeten vergeigt

Es ist doch »immer wieder dieselbe Leier«: Wer zu lautstark »auf die Pauke haut«, stets »die erste Geige spielen« und alle »nach seiner Pfeife tanzen lassen« will, obwohl er eigentlich doch »von Tuten und Blasen keine Ahnung hat«, muss schon damit rechnen, dass ihm einmal jemand ordentlich »Bescheid geigt« und »die Flötentöne beibringt« ... Also: Lieber »ganz piano machen«!

Immer wieder die alte Leier ...

Die »alte Leier« als Sinnbild für Äußerungen oder Entwicklungen, die sich ständig wiederholen, bezieht sich tatsächlich auf ein sehr altes, bereits in der Antike bekanntes Instrument, das nur wenige Saiten hat und daher nur einen recht begrenzten, eher eintönigen Tonumfang bieten kann.

Ähnlich monoton wie diese Musik hört es sich dann auch an, wenn jemand einen auswendig gelernten Text schlecht und lustlos »herunterleiert«.

Chefmusik: die erste Geige

Wesentlich variantenreicher erklingen da die Geigen, allen voran die sprichwörtlich gewordene erste, die im Orchester als wichtigste Melodiestimme den Ton angibt. Bis Anfang des 19. Jahrhunderts der Dirigent auf den Plan trat, leitete der Spieler der ersten Geige, der Konzertmeister, durch seine Entscheidungen das ganze Orchester.

Doch egal, ob jemand nun die erste oder nur die zweite Geige spielt: Wenn er schräge Töne produziert, ist das gesamte Konzert ruiniert. Und so sprechen wir auch im übertragenen Sinne davon, »etwas vergeigt zu haben«, wenn eine Unternehmung durch falsches Vorgehen zum Misserfolg wurde. Früher wurde so etwas auch »verbumfiedeln« genannt.

Das Vorhaben, »jemandem Bescheid zu geigen«, kann man sich dann durchaus als eine sehr handgreifliche Zurechtweisung vorstellen, da in dieser Wendung auf die Ähnlichkeit des Geigenbogens mit einem Prügelstock angespielt wird.

Die Krawallmusik der Nachtwächter

»Mit Pauken und Trompeten«, also mit allerlei Schlag- und Blas-instrumenten wurden früher festliche Anlässe eröffnet, Ehren-gäste empfangen oder militärische Siege gefeiert.

Heute werden diese lautstarken Jubelinstrumente vorzugs-weise ironisch zitiert, etwa dann, wenn jemand bei einer Prü-fung durchgefallen ist, weil er »von Tuten und Blasen keine Ah-nung hatte«. Diese musikalische Umschreibung vollkommener Unwissenheit oder Unfähigkeit bezieht sich jedoch nicht auf das Orchester, sondern auf die Arbeit der Nachtwächter, einer im Mittelalter eher verachteten als geschätzten Berufsgruppe, zu deren Aufgaben es unter anderem gehörte, im Alarmfall war-nend ins Horn zu stoßen. Wer dann sogar für diese tutenden und blasenden Tätigkeiten zu dumm war – der war wirklich *zu nichts* zu gebrauchen!

Höchste Eisenbahn!

Wenn Sie »das Leben in vollen Zügen genießen«, dann hat das nur sehr gelegentlich damit zu tun, dass Sie im komplett ausgebuchten ICE nette Reisebekanntschaften machen. Eher gleicht Ihr Genuss einem sehr tiefen Atemzug, mit dem sie alles aufsaugen möchten, was Sie umgibt.

Die Zeit ist vor drei Stunden angekommen!

Echte Schienenfahrzeuge kommen jedoch zum Zuge, wenn die Zeit drängt; denn dann ist es wirklich »allerhöchste Eisenbahn«! Diese hektische Redewendung hat nicht etwa ein Fahrgast kreiert, der fürchtete, seinen Anschlusszug zu verpassen; sie geht vielmehr auf das Lustspiel *Ein Heiratsantrag in der Niederwallstraße* des heute weitgehend in Vergessenheit geratenen Berliner Volksschriftstellers Adolf Glassbrenner (1810-1876) zurück.

Held des Stücks ist der zerstreute Briefträger Bornike, der seinem zukünftigen Schwiegervater, dem Maler Kleisch, einen Besuch abstattet – und dabei vor Aufregung beim Sprechen ständig Wörter miteinander vertauscht. So sagt er bei den Verhandlungen unter anderem: »Diese Tochter is janz hinreichend, ich heirate ihre Mitgift.«

Mitten im Gespräch fällt ihm ein, dass die Post aus Leipzig, die er austragen soll, längst mit dem Zug eingetroffen sein muss. Und so verabschiedet er sich überstürzt mit den Worten: »Es ist höchste Eisenbahn, die Zeit ist schon vor drei Stunden angekommen!«

Verstehen Sie den großen Bahnhof?

Das Glassbrenner-Zitat wurde nicht zuletzt deshalb zur beliebten Redensart, weil die Eisenbahn im 19. Jahrhundert noch als Inbegriff der Pünktlichkeit galt. Und Inbegriff der fortschrittlichen Zivilisation war sie damals ebenfalls.

Entsprechend reisten auch Kaiser und Könige auf Staatsbesuch mit dem modernen Zug und wurden feierlich am Bahnhof begrüßt. Darauf spielen wir noch heute an, wenn wir für jemanden »einen großen Bahnhof machen«, ihm also einen aufwendigen Empfang bereiten.

Als wichtigstes Verkehrsmittel dieser Zeit übernahm die Bahn im Ersten Weltkrieg (1914-1918) dann auch den Transport von Soldaten, Waffen und Verpflegung an die Front. Letztere gelangten – mit etwas Glück und Heimaturlaub – auf diesem Wege auch wieder zurück nach Hause. Der Bahnhof, an dem die Rückreise in die Heimat begann, wurde für die kampfesmüden Truppen zum Kriegsende hin zum zentralen Symbol ihrer Sehnsucht nach Ruhe und Frieden. Sie konnten und mochten kaum noch an etwas anderes denken als an die Heimkehr und blockten daher alle anderen Gesprächsthemen mit den Worten ab: »Ich versteh' immer nur Bahnhof!«

Seemannsgarn

Wer sich irrt und falsche Vorstellungen vom Ziel seiner Reise hat, könnte natürlich einfach in den falschen Zug einsteigen. Oder in das falsche Flugzeug. Sprichwörtlich aber ist er dann auf jeden Fall »auf dem falschen Dampfer«!

Ins Boot geholt oder vor den Bug geschossen?

Auch wenn der Seeweg – zumindest als Reise- und Entdeckungsweg – heute längst nicht mehr die Bedeutung hat, die ihm früher zukam, so bleibt es doch dabei: Seefahrt tut Not! Auch in der Sprache.

So zum Beispiel dann, wenn wir jemanden für ein Projekt »mit ins Boot holen« beziehungsweise »anheuern«. Oder dann, wenn wir ihm im Gegenteil »volle Breitseite vor den Bug schießen«, ihn also sehr heftig verprellen; wobei mit »Breitseite« das gleichzeitige Abfeuern aller an einer Schiffsseite befindlichen Kanonen gemeint ist, die am »Bug« dann das vordere Schiffsende, also sozusagen das ›Gesicht‹ des Gegners empfindlich treffen sollen.

Aufgetakelt und abgetakelt ...

Wer findet, dass sich eine bestimmte Dame zur Party aber gewaltig »aufgetakelt« hat, spielt damit auf die eindrucksvolle Takelage historischer Großsegler an, zu der sämtliche Masten und Segel nebst Tauwerk sowie das gesamte sonstige Inventar gehört. Wenn die besagte Dame also auf einen Schlag gleich alles ausfährt, was sie zu bieten hat – dann ist es doch durchaus verständlich, dass man(n) sich daraufhin lieber »abseilt« (also verdrückt), oder?

Im Geiste auf See sind aber auch diejenigen, die zwecks Problemlösung beruflich oder privat endlich »klar Schiff« machen wollen.

Müde Web-Wellen machen mallig!

Wenn dagegen der Computer nur noch »herumdümpelt« und so lahm über die Wellen des World-Wide-Web gleitet wie ein Fischerboot vor Anker, dann sollte man ihn dringend wieder »flott«, also »frei schwimmend« machen – und endlich von dem schlickigen Meeresgrund uralter Dateien und Apps oder Cookies lösen, auf denen er gerade festsitzt!

Andernfalls nämlich könnten wir bald ziemlich »auf dem Teller drehen« (was in der Seemannssprache das Wenden eines Schiffes auf sehr engem Raum oder auf der Stelle bezeichnet) und darüber vielleicht sogar »völlig mallig«, also komplett planlos werden. Dann benehmen wir uns ganz wie die sogenannten »mallen Winde« auf dem Meer, die urplötzlich umspringen und aus einer ganz anderen Richtung als zuvor wehen.

»Ich habe meine Äquatortaufe bestanden!«

Damit haben wir auf jeden Fall eine sehr erfreuliche Station im Leben erreicht, die besagt, dass wir uns erfolgreich in ein uns bisher völlig fremdes Terrain vorgewagt und eine wichtige Prüfung des Lebens erfolgreich absolviert haben. Dahinter steckt der alte Seemannsbrauch, jedes Mitglied der Besatzung, das zum ersten Mal den Äquator überfährt, in einem oft eher derben und stark alkoholisierten Ritual vom (entsprechend kostümierten) Meeresgott Neptun »taufen« zu lassen.

Nach Kiel geholt?

Manchmal offenbart man mit einem Zitat aus der Seemannssprache durchaus seine Lust, an die früher oft wahrlich rauen Bräuche dieser beruflichen Sparte anzuknüpfen: Wenn wir jemanden am liebsten »kielholen« wollen, dann laden wir ihn nicht etwa freundlich in die Landeshauptstadt Schleswig-Holsteins ein, nein: Wir schleifen ihn gedanklich stattdessen unter Wasser an einem Seil den Kiel, also die unterste Längsversteifung des Schiffes entlang – was auf den alten Segelschiffen eine durchaus gängige Form der Bestrafung war, die für so manchen Delinquenten leider tödlich ausging.

Über alle Toppen geflaggt

Sehr maritim geht es in unseren Redewendungen auch dann zu, wenn wir »Flagge zeigen«, also unsere wahre Meinung sehr offen und nachdrücklich äußern, während die, die sich davor drücken, selbst Verantwortung zu übernehmen, lieber »unter fremder Flagge segeln«.

Die am Mast gehissten Flaggen machen in der Seefahrt auf einen Blick deutlich, zu welchem Land und zu welcher Reederei ein Schiff gehört. Wer also »unter falscher Flagge segelt«, täuscht eine Identität vor, die ihm nicht zukommt. Wer dagegen »die Flagge streicht«, also vom Mast herunterholt, gibt sich in bester Seeschlachtentradition in einem Kampf geschlagen.

Um »die Segel zu streichen«, also einzuziehen und die Weiterfahrt aufzugeben, reicht dem versierten Segler allerdings oft auch schon ein herannahender Sturm.

Auf dem Kieker: Ganz genau genommen!

Nahende Unwetter und vieles mehr erkennt der Seebär durch sein Fernrohr, in nautischen Fachkreisen auch »Kieker« genannt. Wenn Sie also vermuten: »Der hat mich auf dem Kieker!«, weil Sie sich schon länger sehr gründlich und misstrauisch beobachtet fühlen, ganz so, als suche Sie jemand systematisch nach Kritisierbarem ab – dann sprechen Sie gleichzeitig

Redensartlich, Seemännisch und Plattdeutsch: »Kieker« kommt nämlich vom niederdeutschen »kieken« für »gucken«.

Das Plattdeutsch der nördlichen Küstenbewohner gehört an Bord sowieso zum guten Ton: Hier wird nicht aus der Flasche, sondern aus der »Buddel« getrunken, und man sticht auch nicht mit einem Koffer, sondern mit dem »Zampelbüdel« in See, indem man all seine Habe in einen großen Seesack aus Leinen stopft.

Doch passend zur meist aus aller Herren Länder zusammengewürfelten Schiffsbesatzung mischten sich auch zahlreiche Versatzstücke aus dem Englischen, Niederländischen oder Spanischen in die bis heute übliche Seemannssprache ein. So entstand ein Jargon mit einem ganz eigenen Humor – und auch mit einer ganz eigenen Vorstellung von Wahrheit?

Nicht so ganz genau genommen ...

Wer »Seemannsgarn spinnt«, erzählt ausgesprochen spektakuläre und abenteuerliche Geschichten, bei denen man nicht so recht weiß, ob man sie glauben soll oder nicht. Solche Geschichten müssen sich nicht zwingend um Seeungeheuer, Geisterschiffe oder Klabautermänner drehen; auch Berichte über UFO-Sichtungen oder die allseits bekannte, in einer Yucca-Palme ins Haus gebrachte Vogelspinne sind aus diesem Garn gesponnen.

Ursprünglich allerdings spannen die Seeleute »Schiemannsgarn«. Das ist ein dünnes, geteertes Hanfgarn, das auf Segelschiffen zum Umwickeln von Spleißen im Tauwerk verwendet und aus alten Tauen gewonnen wird. Weil die Herstellung des Schiemannsgarns eine recht langweilige und monotone Tätigkeit war, erzählte man sich dabei gern allerlei Selbsterlebtes, aber auch Sagen und Legenden. Oft ging das Eine fließend in das Andere über ... und speziell »Landratten« fällt es oft alles andere als leicht, hier eine klare Grenze zu ziehen.

Fadenscheinige Argumente

Manch Schicksal hängt an seidenen, verlieren sollte man sie möglichst nicht, und die Maus beißt keinen ab: Allerlei rote und andere Fäden ziehen sich durch unseren Sprachgebrauch.

Faule Mädchen und ihr dummes Fädchen

Wenn faule Mädchen mit langen Fädchen nähen, um sich ein erneutes Einfädeln zu ersparen, schießen sie letztlich meist doch ein Eigentor, weil sich das Garn so viel leichter verknotet und mühselig entwirrt werden muss.

Hoffentlich lang: der Lebensfaden

Wahrlich schicksalhafte Bedeutung hatte der Faden in der altgriechischen und germanischen Mythologie, wo er als Symbol für das Menschenleben verstanden wurde. Drei Göttinnen des

Schicksals – in Griechenland die Moiren, im Norden die Nornen – waren am Werk, um für jeden Menschen einen Lebensfaden zu spinnen, ihn abzumessen und schließlich an vorherbestimmter Stelle durchzuschneiden.

Hauchzarte *Seide* ist dafür zwar ein exquisites Material – doch gröbere, stärkere Schicksalsfäden versprechen eine längere Lebensdauer!

Rot? Ariadnes Weg aus dem Labyrinth

Die griechische Sage von Theseus dagegen zeigt uns, wie wichtig es ist, »nicht den Faden zu verlieren«: Ohne das Garnknäuel, das ihm die minoische Königstochter Ariadne geschenkt hatte, hätte der Held aus Theben, der im Labyrinth auf Kreta das fresslustige stierköpfige Monster Minotaurus besiegte, den Ausgang des Irrgartens wahrscheinlich nie wiedergefunden.

Dann ist mit dem »roten Faden« als Sinnbild für eine klare Richtlinie und Zielvorstellung also der Ariadnefaden gemeint? Nein, diesen Begriff brachte erst unser deutscher Oberdichter und Denker Johann Wolfgang von Goethe mit seinem Roman *Die Wahlverwandtschaften* ins sprachliche Spiel. Inspiriert wurde er dabei von der britischen Marine, bei der in alle Tauwerke der königlichen Flotte rote Fäden eingesponnen waren, um sie als Eigentum der Krone zu kennzeichnen.

Gertrud, die Maus und der Frühling

Und warum »beißt die Maus keinen Faden ab«, wenn etwas endgültig nicht mehr zu ändern ist? Das steht so unabänderlich nicht fest, denn zur Herkunft dieser Redewendung gibt es – mindestens! – drei verschiedene Theorien.

Manche führen diese Wendung auf die oben ja schon angesprochene Tierfabel *Der Löwe und das Mäuschen* zurück, in der eine dankbare Maus einen in einem Netz gefangenen Löwen befreit, indem sie dessen Fäden zernagt.

Eine andere Deutung aber lässt hier die Mausefallen auf den Feldern klappern. Diese hatten früher statt des Käses nämlich einen Faden als Köder, den die Mäuse für eine Pflanzenwurzel hielten und anknabberten. Dann schnappte die Falle zu.

Wieder andere Sprachforscher sehen hier eine Verbindung zur Heiligen Gertrud von Nivelles gegeben, die im Mittelalter als Schutzpatronin vor Mäuse- und Rattenplagen verehrt wurde. Ihr Namenstag, der Gertrudentag am 17. März, galt nach dem Bauernkalender als Frühlingsanfang und damit als der Termin, zu dem mit der Feldarbeit begonnen wird. Winterliche Arbeiten wie das Spinnen dagegen waren nun vorläufig einzustellen. Und wenn man sich nicht daran hielt? Dann biss einem die Maus energisch den Faden ab!

Zeit für eine Zeitreise!

Zeit vergeht; ganz egal, wie klug oder wie dumm wir sie nutzen. Doch wir können sie zumindest pfiffig in Worte fassen!

Auf immer, ewig – und drei Tage

Wer »ewig und drei Tage« auf jemanden oder etwas wartet, der wartet nicht nur endlos lange, sondern sogar noch etwas länger. Die zusätzlichen drei Tage verdanken wir wahrscheinlich dem mittelalterlichen Rechtswesen: Damals tagte das Landgericht alle sechs Wochen für jeweils drei Tage – und innerhalb dieser Zeitspanne konnte noch Berufung gegen bereits vor längerer Zeit abgeschlossene Rechtsgeschäfte eingelegt werden. Erst danach waren sie *unanfechtbar* gültig.

St. Nimmerlein, der Heilige Niemals

Wenig aussichtsreich ist es jedoch, »bis zum Sankt Nimmerleinstag« auf etwas zu warten. Denn dann wartet man auf einen *unmöglichen* Termin.

Patin dieser Redensart ist die in deutschsprachigen katholischen Regionen vom frühen Mittelalter bis ins 20. Jahrhundert hinein verbreitete Gepflogenheit, die Tage nicht nach ihrem Datum laut Kalender, sondern mit dem Namen des Heiligen zu bezeichnen, dem dieser Tag gewidmet ist. Der 24. Juni etwa ist der (Johannes dem Täufer geweihte) Johannistag, und der 6. Dezember ist ja sogar im protestantischen Norden als Nikolaustag bekannt.

Einen Heiligen Nimmerlein aber gibt es im katholischen Heiligenkalender definitiv nicht. Also wird *sein* Tag auch *niemals* kommen ... es sei denn, man gesteht ihm großzügig zu, dass er zu Allerheiligen, also am 1. November, ja ebenfalls zu würdigen wäre.

Doppelt gut reingerutscht ...

Mit dem »Guten Rutsch«, den wir dann rund zwei Monate später zu Silvester aussprechen, wünschen wir uns nicht etwa gegenseitig reichlich Glatteis in der Neujahrsnacht und damit Beinbrüche und andere Schlidder-Übel an den Hals, sondern ganz im Gegenteil: Glück und einen *guten* Start. Doch woher kommt diese wunderliche Wendung? Wie so oft kursieren auch hierzu in der Wissenschaft unterschiedliche Theorien.

Manche Volksmund-Koryphäen übersetzen den »Guten Rutsch« schlicht als »Gute *Reise* ins neue Jahr«. In Berlin, Sachsen und Thüringen sagte man im 19. Jahrhundert nämlich gern: »Ich mache einen Rutscher nach ...«, wenn man eine kleinere Reise plante. Inspiriert war diese Wendung wahrscheinlich von der gleitenden Bewegung, die man vor allem von Schlitten- oder Eisenbahnfahrten her kannte.

Sehr populär, aber nicht unumstritten ist auch die Annahme, dass sich der »Gute Rutsch« vom hebräischen »Rosch ha-Schana« herleitet, was wörtlich genommen »Haupt« beziehungsweise »Kopf« des Jahres bedeutet und damit im übertragenen Sinne dessen Anfang meint (der nach dem jüdischen Kalender übrigens zu wechselnden Terminen im September oder Anfang Oktober angesetzt wird).

Allerdings gibt es weder im Hebräischen noch im Jiddischen eine Grußformel, in der ein »Rosch« vorkommt, das dann im allgemeinen Sprachgebrauch zum »Rutsch« verrutschen konnte.

146

... alle Jubeljahre wieder!

Mehr Einigkeit herrscht darüber, dass das »Jubeljahr« eine Erfindung der historischen Israeliten ist. Ein »Jubel-« oder »Halljahr« wurde alle 50 Jahre angesetzt. Es diente dem sozialen Ausgleich und sollte einer Verarmung in der Bevölkerung entgegenwirken: Der gesamte Landbesitz wurde in diesem Jahr neu verteilt und alle Schulden erlassen.

Das war zwar durchaus ein Grund zum Jubeln; doch seinen Namen trägt das Jahr nach den Posaunen beziehungsweise Widderhörnern (hebräisch *jobel*), durch deren Schall sein Anbruch im ganzen Land verkündet wurde.

Um 1300 übernahm das mittelalterliche Christentum die Idee des Jubeljahres; mit dem Unterschied allerdings, dass nun nicht Schulden, sondern Sünden erlassen wurden. Ein solches Gnaden- oder Ablassjahr (das sich durchaus vorteilhaft auf die päpstliche Kasse auswirkte), sollte ursprünglich nur alle 100

Jahre ausgerufen werden. Der zeitliche Abstand wurde jedoch immer weiter verringert, bis Papst Paul II. 1470 einen periodischen Abstand von 25 Jahren festlegte. Doch das ist immer noch selten genug, ein normalsterblicher Mensch kann nur zwei oder drei solcher Jubeljahre erleben.

2000 war das letzte christliche Jubeljahr. Mit Freunden, die sich nur alle Jubeljahre blicken lassen, brauchen Sie also erst 2025 wieder zu rechnen. Oder vielleicht ja auch zu einem besonderen (sprachlich vom Jubeljahr abgeleiteten) Jubiläum, für das (neben 100, 50 und 25) auch 10 oder 5 Jahre reichen können.

Und wer ist Herr Olim?

Auch die Vergangenheit hat einen ähnlich wunderlichen Schutzpatron wie die Zukunft ihren Sankt Nimmerlein. Wenn jemand sagt: »Das wusste man doch schon zu Olims Zeiten!« Oder: »Das stammt ja noch aus Olims Zeiten!« – dann spricht er nicht etwa von seinem Urgroßonkel namens Olim, sondern er betont vor allem (auf eine heute eher altmodisch anmutende Art und Weise), dass *er selbst* eine fundierte humanistische Bildung genossen hat: Schon in den Gelehrtenschulen des 17. Jahrhunderts machte man sich einen sprachspielerischen Spaß daraus, aus »olim«, dem lateinischen Adverb für »einst, vor Zeiten« eine fiktive Person zu machen.

Wort und Zahl

So ein Kauderwelsch!

Wer deutsche Redensarten verstehen will, der sollte schon über solide Fremdsprachenkenntnisse verfügen! Denn wenn jemand »Kauderwelsch redet«, sich also verworren und unverständlich ausdrückt, dann kann das auch daran liegen, dass er in einem Satz mehrere verschiedene Sprachen vermischt.

Truthahndeutsch?

Schon im Wort »Kauderwelsch« selbst mischt sich allerlei. »Welsch« ist zunächst einfach eine alte deutsche Bezeichnung für die romanischen Sprachen und deren Benutzer. Doch was ist mit »Kauder« gemeint?

Die Märchen- und Sprachforscher-Gebrüder Grimm vermuteten dahinter eine lautmalerische Verbindung zum Kollern eines Truthahns oder Tauberichs, auf das auch die »Kodderschnauze« zurückgehen soll.

»Kaudern« bedeutete früher jedoch auch »Klein- oder Zwischenhandel betreiben«. Und wenn das dann auf »Welsch« geschieht, dann könnte damit durchaus eine für deutsche Ohren unverständliche ›Geheimsprache‹ der fahrenden Händler und Hausierer aus Italien gemeint sein.

Die Kinkerlitzchen in petto

Unsererseits kauderwelschen wir zum Beispiel, wenn wir etwas »in petto haben«. Dann nämlich haben wir auf Italienisch etwas »im Sinn, im Herzen oder in der Brust«, das wir bereithalten, um es überraschend zu unterbreiten.

Wenn wir dagegen »jemanden zur Räson bringen«, dann appellieren wir an seine französische Vernunft (*raison*).

Und wer sich über unnötigen Kleinkram aufregt, spielt darauf an, dass derlei »Kinkerlitzchen« speziell im Haushalts- und Eisenwarenhandel (französisch *quincaillerie*) in großer Zahl zu finden sind.

Das Fiasko aus der Flasche

Den ganz großen Misserfolg, das »Fiasko«, dagegen erlebt man überwiegend dann, wenn man sich zuvor als Versager beziehungsweise als »Flasche« erwiesen hat. Die ersten Fiaskos der Welt erlitten mutmaßlich italienische Glasbläser, denen es misslang, ein kunstvolles Gefäß herzustellen. Das verwendete Material taugte dann nur noch dazu, eine simple Strohflasche daraus zu machen, was auf Italienisch »far fiasco« (= Flasche machen) heißt.

Reinfälle und Fehlschläge dieser Art fürchtete man besonders in Schauspielerkreisen, durch die diese Redewendung weite Verbreitung fand: Wenn ein Stück beim Publikum nicht ankam, sollen die Zuschauer früher sogar wutentbrannt ihre leeren Weinflaschen nach den darstellerischen Versagern, den »Flaschen« auf der Bühne, geworfen haben.

Die fiesen Matenten

»Mach' jetzt bitte keine ›Besuch-mein-Zelten‹!« Steckt das – wortwörtlich genommen – dahinter, wenn wir jemanden auffordern, keine unnötigen Schwierigkeiten beziehungsweise »Fisimatenten« zu machen? Nicht zwingend.

Zweideutige Angebote

Die beliebteste (und charmanteste!) Deutung führt den Ursprung der Fisimatenten auf die Zeit der französischen Besetzung Deutschlands während der Napoleonischen Kriege (1804-1815) zurück. Mit der Einladung »Visitez ma tente, mademoiselle!« (= Besuchen Sie mein Zelt, mein Fräulein!) sollen die schmucken französischen Soldaten damals versucht haben, neugierige junge Mädchen auf ein Schäferstündchen in ihr Lager zu locken. Das war den deutschen Müttern natürlich gar nicht recht, und so warnten sie ihre Töchter energisch, wann immer diese ausgingen: »Mach mir ja keine ›fisi ma tenten‹«.

Auf gut alt Amtsdeutsch

Lange bevor sich französische Zelte in ein neues deutsches Wort für Unfug verwandelten, war in der *Cronica van der hilliger Stat van Coellen* aus dem Jahr 1499 jedoch bereits von »visimetenten« die Rede.

In der lateinischen Amtssprache des späten Mittelalters waren mit »Visae patentes« ordnungsgemäß auf ihre Echtheit hin geprüfte Patente gemeint. Eine solche Prüfung aber bereitete scheinbar so viele Schwierigkeiten, dass diese Dokumente im 16. Jahrhundert zum Inbegriff der bürokratischen Umständlichkeit wurden.

Unnötige Schnörkel

Weit vor der Franzosenzeit gab es auch die »Visamente«, die üppigen Verzierungen auf den Wappen der Herrscherhäuser, die auf Kampfausrüstungen wie Schilden oder Helmen jedoch völlig funktionslos und damit überflüssig waren. Mit »Mach doch nicht dauernd Fisimatenten« soll ein im Gebrauch von Fremdwörtern nur sehr bedingt begabter Wappenmaler seinen Lehrjungen einst aufgefordert haben, sich endlich auf das Wesentliche zu konzentrieren.

Mit einer Prise Boshaftigkeit

Um das Maß der Sprachverwirrung voll zu machen: Durchaus denkbar ist auch eine Verwandtschaft zur italienischen fixen Idee, der »fisima«. Oder vielleicht zum griechischen Wort für Aufgeblasenheiten, »physemata«?

Eine interessante Neuinterpretation des alten Wortes mit der mehrgleisigen Herkunft bieten jedoch auch diejenigen, die fälschlicherweise »Fiesematenten« schreiben – und das Machen derselben damit kurzerhand für *fies*, also für böse, gemein und widerwärtig erklären.

Doppelt gemoppelt

Wird Ihnen »nie und nimmer« »angst und bange«, wenn Sie sich mit anderen »voll und ganz« »in Reih und Glied« aufstellen? Dann sind Sie »schließlich und endlich« wohl ein Freund der *Tautologie* (von griechisch *dasselbe Sagendes*), die durchaus als elegantes rhetorisches Stilmittel gilt. Derselbe Inhalt wird hier *absichtlich* wiederholt, um ihm so noch mehr Nachdruck zu verleihen.

Wer jedoch von einem »alten Greis«, einer »tote Leiche«, die von »runden Kugeln« erschossen wurde, einer »anderen Alternative« oder dem »umgekehrten Gegenteil« spricht, wirkt eher etwas ungebildet. Weiß er denn nicht, dass er – mit dem Adjektiv – etwas völlig *Überflüssiges* sagt? Das wird auf fachsprachlich-griechisch dann *Pleonasmus* genannt.

Die weibliche Kandidatin in der Vogelvoliere

Auch in so vertrauten Wendungen wie *anfängliche* Startschwierigkeiten, *neu* renoviert, *natürliche* Instinkte, *persönliche* Anwesenheit, *fundamentale* Grundkenntnisse, *still*schweigend, fachkompetent, *Eigen*initiative, *Glas*vitrine, *radioaktives* Uran, *Sand*düne, *Rück*antwort, *zusammen*addieren, *Mit*beteiligung, *Zukunfts*prognose, *vordere* Front, *weibliche* Bundeskanzlerin, *hoch*stilisieren, meiner *eigenen* Ansicht nach und natürlich beim *noch einmal* Wiederholen wird streng genommen gedoppelmoppelt.

Doch das ist vor allem bei Fremdwörtern oder Abkürzungen oft durchaus hilfreich: So übersetzt die »La-Ola-Welle« sich sozusagen selbst (das spanische »la ola« bedeutet »die Welle«), bei der »AB*M-Maßnahme*« greift die Maßnahme doppelt gut, und heimlicher als »klammheimlich« geht es wirklich nicht, denn das lateinische »clam« heißt ja schon heimlich.

Hunger-Hunger auf Suppe-Suppe?

Wenn Sie »Kohldampf schieben«, dann haben Sie nicht nur Hunger, sondern doppelmoppeln zugleich auch zwei alte Wörter für Hunger aus der sogenannten Gaunersprache, dem Rotwelsch, das sich ab dem Mittelalter entwickelt hat, nämlich »Kohler« und »Dampf«.

Und wenn Sie gegen diesen besonders hungrigen Hunger im Restaurant dann eine Gulaschsuppe bestellen, dann doppelmoppeln Sie munter weiter, denn das original ungarische Hirtengericht »gulyás hús« ist bereits eine Suppe.

Wahrscheinlich bezahlen Sie die Bewirtungsrechnung dann auch noch »auf Heller und Pfennig genau«, statt ein minimales Trinkgeld zu geben. (Denn der Heller ist ja, wie oben schon erwähnt, nichts anderes als eine regionale Variante des Pfennigs, die früher im heutigen Schwäbisch Hall geprägt wurde.)

Weiße Schimmel und große Riesen – wo liegt die Grenze?

Vieles von dem, was zunächst nach Pleonasmus klingt, kann aber durchaus seine Berechtigung haben: Im Vergleich zu anderen Riesen könnte der spezielle Riese, von dem Sie gerade reden, ja durchaus ein besonders »großer Riese« sein, oder?

Auch das klassische Schulbeispiel der Doppelmoppelei, der »weiße Schimmel«, trifft nicht so recht ins Schwarze. Das Fell dieser Pferde kann nämlich die unterschiedlichsten Schattierungen haben. So gibt es unter anderen Apfelschimmel, Fuchsschimmel, Rotschimmel und Braunschimmel ...

Buchstabensalat

Wer A sagt, muss auch B sagen – und seine Sache dann von A bis Z erledigen. Am besten aus dem ff. Und dabei darf er sich keinesfalls ein X für ein U vormachen lassen. Das ist oft das A und O im Leben ...

ABC von A bis Z ... oder lieber nur bis O?

In vielen beliebten Redewendungen wird fleißig buchstabiert oder das Alphabet in Kurzform zitiert.

Doch wenn jemand schon A und B sagt – müsste er dann nicht eigentlich auch noch C sagen? Nicht zwingend: Im altdeutschen Rechtswesen war es üblich, dass der ursprüngliche Kläger im Falle einer Gegenklage nun seinerseits Rede und Antwort stehen musste. Dieser dem »Anklagen« folgende Vorgang wurde »Besagen« genannt. In diesem Sinne reichen die bis heute verbliebenen beiden Buchstaben völlig aus, um uns auf die Konsequenzen unserer Initiativen hinzuweisen.

Das A und das O, beziehungsweise Alpha und Omega (A und Ω), der erste und der letzte Buchstabe des griechischen Alphabets, dagegen werden schon seit uralten Zeiten als Symbole für den Anfang und das Ende interpretiert, die alles andere in sich einschließen (z. B. die restlichen Buchstaben dazwischen). Sie stehen für das Wichtigste, die Quintessenz, die Vollkommenheit, das Allesumfassende und werden in der Offenbarung des Johannes mit Christus gleichgesetzt.

Schema F? Wie fantasielos!

Dazwischen aber meldet sich das F zu Wort. Das wird – als Schema – gern zitiert, um ein starres, bürokratisches und gedankenloses Vorgehen zu beschreiben. Erdacht wurde es (natürlich!) von den alten Preußen im 19. Jahrhundert, die ihre immer nach demselben Muster erstellten Frontberichte mit einem »F« kennzeichneten.

Viel feinsinniger: aus den ff

Wer jedoch etwas aus dem »ff« (oder »Effeff«) und damit vorzüglich beherrscht, hat so ein Schema gar nicht nötig. Nur woher diese Redewendung kommt, das weiß keiner so recht. Fünf verschiedene Erklärungen gibt es dazu mindestens.

Laut Duden stehen diese beiden Buchstaben entweder für »sehr fein« (bzw. »finissimo«, eine seit dem 17. Jahrhundert bei Kaufleuten gebräuchliche Bezeichnung für exquisite Waren, insbesondere Lebensmittel), oder für »fortissimo« (eine unüberhörbar laut gespielte Musik), oder, mit abschließendem Punkt, für »folgende Seiten«. Das passt ebenfalls, denn wer das ganze Buch kennt, weiß ja besser Bescheid als der, der nur das Inhaltsverzeichnis überflogen hat. Er kennt nicht nur die Form, sondern auch die Funktionsweise (lateinisch *ex forma, ex functione*) – also tatsächlich das »Efef«.

Die mit Abstand komplizierteste Erklärung zu diesem Buchstabenpaar führt dann wieder zu den alten Griechen und ins Rechtswesen zurück: Im Mittelalter gab es die sogenannten Pandekten, eine Sammlung altrömischer Rechtsgrundsätze, auf die Juristen im Zitat mit dem griechischen Buchstaben »pi« (π) Bezug nahmen. Wurde das Pi aber etwas unsauber und schlunzig geschrieben, dann sah es aus wie »ff«.

Xe und Us – die Rechnungsverwirrung

Die Redewendung »jemandem ein X für ein U vormachen« hat tatsächlich rundherum mit arglistiger Täuschung zu tun. Hier werden uns unter anderem nämlich Buchstaben für Zahlen vorgemacht.

Schuld daran sind die alten Römer, die das U wie ein V schrieben und es gleichzeitig auch als Ziffer für die 5 verwendeten. Hinterhältige Geldverleiher und Gastwirte nun machten auf ihren Schuldscheinen durch eine einfache Verlängerung der Striche aus dem V ein X. Das X aber steht zugleich für die römische Zahl 10 – und prompt verdoppelte sich der geforderte Betrag!

Selbst schuld!

»Was der alles auf dem Kerbholz hat – das geht wirklich auf keine Kuhhaut mehr!« Manche Redensarten gehen ganz natürlich ineinander über; und erzählen dabei so ganz nebenbei auch noch eine kleine Kulturgeschichte unseres Rechnens und Schreibens.

Das Kerbholz: steinzeitliche Strichlisten

Wer »etwas auf dem Kerbholz hat«, der hat sich etwas *zuschulden* kommen lassen. Doch während wir heute damit meist ein größeres oder kleineres Verbrechen meinen, waren früher die *materiellen Schulden* eines Menschen der Grund für die Kerben. Und auch das Holz selbst gab es nicht nur im übertragenen, moralischen Sinne, sondern ganz handfest, zum Sehen und Anfassen.

Die Frage »Wie halte ich ganz offensichtlich, verbindlich und korrekt fest, was ich von dir zu bekommen habe?« beschäftigte die Menschen schon sehr lange, bevor sie auf die Idee kamen, die Zahlen oder die Schrift zu erfinden. Und mit dem Kerbholz fanden sie eine ebenso schlichte wie geniale Antwort darauf.

Das Kerbholz war ursprünglich ein Brett oder Stock, in dem mit einfachen Strichen oder Symbolen all das eingeritzt wurde, was man von anderen bekommen hatte, aber erst später bezahlen konnte: vom Bäcker erhaltene Brote zum Beispiel, in der Kneipe getrunkene Biere, Tiere, die einem Hirten anvertraut wurden, erbrachte Arbeitsleistungen, Gewinne und Verluste beim Kartenspiel und vieles mehr.

Um eine solche gemeinsame Bestandsaufnahme bis zum Zahltag fälschungssicher festzuhalten, wurde der Holzstab sodann der Länge nach gespalten – und der Gläubiger wie der Schuldner bekamen jeweils eine Hälfte davon. In Zeiten wie dem Mittelalter, als kaum jemand schreiben oder rechnen konnte, waren solche Kerbhölzer für einen fairen Handel unerlässlich. Mancherorts bewährten sie sich sogar bis ins frühe 20. Jahrhundert hinein.

Prähistorische Funde wie der zirka 20000 Jahre alte Ishango-Knochen lassen jedoch vermuten, dass wir Menschen schon in der Altsteinzeit allerlei auf dem Kerbholz hatten. Sehr wahrscheinlich legten solche Holzkerbereien nicht nur den

Grundstein unserer heutigen Buchhaltung, sondern auch den für die Buchstaben, die Sie hier lesen.

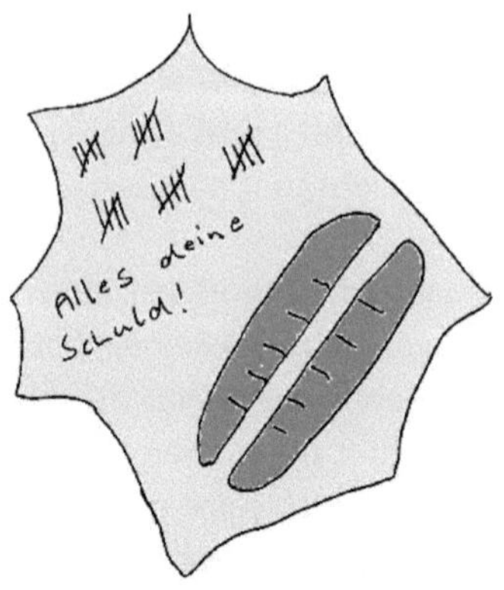

Die Kuhhaut: das höllische Kerbholz

Wie viel Schuld(en) aber braucht es, bis jemand sagt: »Jetzt reicht's aber! Das sprengt den Rahmen! Das geht ja auf keine Kuhhaut mehr!«?

Auch diese Redewendung verdanken wir dem Mittelalter. Damals schrieben die Menschen noch nicht auf Papier, sondern auf Pergament, das aus ungegerbten, getrockneten und geglätteten Tierhäuten gewonnen wurde.

Und auf solchen Häuten schrieb auch der Teufel persönlich. Für jeden einzelnen Menschen legte er nach damaliger Vorstellung ein eigenes Stück Pergament an, auf dem er akribisch all die kleinen und großen Sünden notierte, die dieser Mensch im Leben beging. Nur nichts vergessen! Am Tag des Jüngsten Gerichts sollte auf dieser Grundlage ja schließlich entschieden werden, ob der Himmel oder die Hölle dessen Seele bekommt.

Bei echten Schwerenötern nun konnte bei dieser teuflischen Buchhaltung durchaus so viel zusammenkommen, dass die Liste nicht einmal mehr auf das größte bekannte Pergament, die Kuhhaut, passte – die sich immerhin über rund vier Quadratmeter ausdehnt. Die uneingelösten Kerbholz-Schulden, die dieser Sünder auf Erden hinterließ, waren dabei wahrscheinlich nur das kleinste Übel ...

Lieben Sie Sieben?

Eine sprichwörtlich symbolträchtige Zahl! Nicht nur für Redensarten-Forscher und Hobby-Numerologen, sondern auch für Romantiker ...

»Es ist für mich ein Buch mit sieben Siegeln, warum du nicht endlich deine Siebensachen zusammenpackst und verschwindest!«

Mit so bösen Worten kann zu Ende gehen, was einst in verliebter Hochstimmung »auf Wolke sieben schwebend« begann ... oder auch: »im siebenten Himmel«.

Hausnummern am Himmelszelt

Der »siebente Himmel«, dieser heutige Inbegriff der partnerschaftlich-romantischen Glückseligkeit, hat religiöse Wurzeln: Im islamischen Glauben wie in der jüdisch-christlichen Tradition ist der siebente Himmel der höchste aller Himmel, ein Ort der vollkommenen Verklärung, die Sphäre, in der Gott, die Engel und die Seelen der Gerechten wohnen.

Vor Talmud, Bibel und Koran – und auch vor dem griechischen Philosophen Aristoteles – teilten jedoch bereits die

Babylonier den Himmel in sieben Bereiche ein. Jeder dieser Himmel war einem der sieben sich scheinbar eigenmächtig bewegenden Gestirne zugeordnet, die als Götter und Boten der kosmischen Ordnung verehrt wurden – also der Sonne, dem Mond und den Planeten Merkur, Venus, Mars, Jupiter und Saturn, denen wir übrigens auch die bis heute gültige Einteilung der Woche in sieben Tage verdanken.

Sieben Siegel? Ziemlich apokalyptisch!

Sieben Tage hat die Woche, sieben Tage brauchte Gott, um die Welt zu erschaffen, sieben Arme hat die Menora, der heilige Leuchter im Judentum, sieben Sakramente gibt es im katholischen Christentum, und den sieben Kardinaltugenden (Glaube, Hoffnung, Liebe, Klugheit, Gerechtigkeit, Tapferkeit und Mäßigung) stehen seit Papst Gregor I. dem Großen (590-604 n. Chr.) die sieben Todsünden (Stolz, Geiz, Wollust, Neid, Völlerei, Zorn und Trägheit) gegenüber.

Biblischen Ursprungs ist auch das sprichwörtlich völlig unverständliche »Buch mit sieben Siegeln«. Diese Redewendung spielt auf die an geheimnisvollen Symbolen reiche, inhaltlich nur schwer zugängliche Offenbarung des Johannes aus dem Neuen Testament an. Ab dem fünften Kapitel der Johannes-Apokalypse werden die Siegel dieses Buches nacheinander geöffnet und lösen dadurch schrittweise den Weltuntergang mit seinen sieben Plagen und vielen anderen Schrecknissen aus.

Ganz pauschal – eine magische Zahl!

Deutlich heiterer geht es derweil im Märchenland bei den sieben Zwergen hinter den sieben Bergen zu – auch dann, wenn das tapfere Schneiderlein mit seiner Fliegenklatsche mal keine

»Sieben auf einen Streich« erwischt oder wenn es den sieben Geißlein beim besten Willen nicht gelingt, die sieben Raben auf Siebenmeilenstiefeln zu überholen.

Das reale, bis zu 461 Meter hohe Siebengebirge bei Bonn am Rhein aber (das Schneewittchen wörtlich genommen ja hätte überklettern müssen, um zu den Zwergen zu gelangen), hat rein gar nichts mit der Zahl zu tun: Es besteht nicht nur aus sieben, sondern aus insgesamt 42 Bergen und Hügeln und trägt seinen Namen nach den hier sehr tiefen Tälern, den sogenannten Siefen. Auch der »Siebenschläfer« ist kein Verwandter von Dornröschen, sondern der 27. Juni, ein wichtiger Lostag, der laut Bauernregel das Wetter der kommenden sieben Wochen ankündigt.

Im Märchen bedeutet die Siebenzahl oft einfach: »alle zusammen«. Und damit mag es zusammenhängen, dass man mit seinen Habseligkeiten ausgerechnet seine »Siebensachen« zusammenpackt; und nicht seine »Viersachen« oder seine »Zehnsachen«.

1 + 1 = 7

Zweischneidig aber ist unser Verhältnis zur Sieben allemal: Zwar wird sie laut Statistik überdurchschnittlich oft als Glückszahl auf dem Lottoschein angekreuzt, bei Kfz-Wunsch-Kennzeichen angegeben oder generell als Lieblingszahl genannt – doch andererseits ist es vorzugsweise das »verflixten siebente Jahr« einer Ehe, in dem man sich endlich entschließt, seine zänkische Gattin zu verlassen, die ja auch als »böse Sieben« bekannt ist.

Warum sind böse Frauen »böse Siebenen«? Unterstellt man ihnen mit diesem – um 1600 geprägten und heute etwas altertümelnd anmutenden – Spitznamen etwa, dass sie alle sieben Todsünden in sich vereinen? Oder spielt man damit auf die siebente Bitte im Vaterunser an, also auf »... und erlöse uns von dem Übel ...«?

Keiner weiß es so genau. Der Duden Nr. 7, also das Herkunftswörterbuch, zieht es vor, die »böse Sieben« auf die Trumpfkarte Sieben in dem alten Kartenspiel Karnöffel zurückzuführen, auf der zunächst der Teufel, später alternativ aber auch ein keifendes Weib abgebildet war.

Eine interessante Erklärung dafür, warum die Zahl Sieben – von der frisch verliebten »Wolke sieben« bis ins »verflixte siebente Jahr« hinein – gerade zum Thema Partnerschaft so gern zitiert wird, liefert auch die Astrologie: Hier wird das persönliche Horoskop in zwölf Felder, die sogenannten »Häuser« eingeteilt, die jeweils für einen bestimmten Bereich der Lebenserfahrung stehen.

Das siebente dieser Häuser nun ist das Haus des zwischenmenschlichen Austauschs, der Verbundenheit, der Liebe und der Ehe – aber auch der offenen Feindschaft. Dieses Haus beginnt in der Horoskopgrafik unmittelbar am Westhorizont, es liegt dem Aszendenten, der im Osten das erste Haus eröffnet, direkt gegenüber. Symbolisch tritt damit dem »Ich« (1) das

»Du« (7) an die Seite. Eine »liebe Sieben« wäre so gesehen also wirklich »meine bessere Hälfte«!

Anhang

Index

Sie suchen eine ganz bestimmte Redensart? Hier finden Sie – nach den wichtigsten ›Reizwörtern‹ in der Wendung sortiert – direkt zu dem Textabschnitt, in dem sie näher erläutert wird.

A – etwas ist das A und O 156
A – wer A sagt, muss auch B sagen 156
Abblitzen – jemanden abblitzen lassen.................................... 47
Achillesferse – jemand oder etwas hat eine Achillesferse 75
Adam Riese – nach Adam Riese 72
Affe – Ich glaub, mich laust der Affe! 101
Affe – seinem Affen Zucker geben 101
Affe – vom wilden Affen gebissen sein 101
Affenschande 101
Affenzirkus.. 101
Alt – alt wie Methusalem sein.. 68
Alt – etwas ist ein alter Hut 122
Alt – etwas ist ein alter Zopf... 29
Alt – immer wieder die alte Leier 133
Alte Liebe rostet nicht!... 104
Angsthase – ein Angsthase sein 98
Anpflaumen – jemanden anpflaumen 113
Äquatortaufe – die Äquatortaufe bestehen 138
Ariadnefaden... 143
Athen – Eulen nach Athen tragen 80
Aufgedonnert – jemand ist aufgedonnert............................... 47
Aufgetakelt – jemand ist aufgetakelt 137
Auge – ein Auge riskieren... 32

Auge – ein Auge zudrücken 32
Augen – nur noch Augen für etwas/jemanden haben 103
Augenweide – eine Augenweide sein 31
Augiasstall – einen Augiasstall ausmisten 73
B – wer A sagt, muss auch B sagen..................................... 156
Backfisch.. 109
Bahnhof – für jemanden einen großen Bahnhof machen.... 136
Bahnhof – immer nur Bahnhof verstehen............................ 136
Bank – etwas auf die lange Bank schieben.......................... 121
Bart – um des Kaisers Bart streiten 28
Bäuerchen machen.. 14
Bäume – den Wald vor lauter Bäumen nicht sehen.............. 58
Beelzebub – den Teufel mit dem Beelzebub austreiben........ 78
Bein – Stein und Bein schwören 60
Beleidigt – beleidigte Leberwurst.. 36
Blasen – von Tuten und Blasen keine Ahnung haben 134
Blau – blau machen 23
Blau – blauer Brief 25
Blau – blauer Montag 25
Blau – blaues Blut haben 26
Blau – ein blaues Wunder erleben 25
Blind – Liebe macht blind. 103
Blücher – jemand geht ran wie Blücher 68
Blume – etwas durch die Blume sagen 11
Blume – Vielen Dank für die Blumen! 11
Blut – blaues Blut haben 26
Bock – auf etwas Bock haben, ein alter Bock sein 96
Bock – den Bock zum Gärtner machen 95
Bock – einen Bock schießen, Bockmist bauen...................... 95
Bockshorn – jemanden ins Bockshorn jagen........................ 96
Bohnenstroh – dumm wie Bohnenstroh sein...................... 110
Böse – eine böse Sieben sein 164
Bratkartoffelverhältnis 110
Bredouille – in der Bredouille sein 49
Brei – wie die Katze um den heißen Brei herumschleichen ... 87

Breitseite – volle Breitseite 137
Brennen – etwas brennt einem auf oder unter den Nägeln .. 40
Brett – bei jemandem einen Stein im Brett haben 61
Brett – ein Brett vor dem Kopf haben 33
Brief – blauer Brief 25
Brille – etwas durch die rosarote Brille betrachten 103
Brot – dumm wie Brot sein 110
Buch – etwas ist ein Buch mit sieben Siegeln..................... 162
Bug – jemandem vor den Bug schießen 137
Bürstenbinder – Der säuft wie ein Bürstenbinder! 23
Butter – Alles in Butter!.. 108
Dachdecker – Das kannst du halten wie ein Dachdecker! 22
Danaergeschenk 76
Decke – unter einer Decke stecken.................................... 119
Deut – sich keinen Deut um etwas scheren 18
Doppelt gemoppelt 153
Drei – ewig und drei Tage... 144
Dumm – dumm wie Brot bzw. wie Bohnenstroh sein.......... 110
Dümmer sein, als die Polizei erlaubt.................................. 15
Dümpeln, herumdümpeln 138
Ei – aussehen wie aus dem Ei gepellt................................. 113
Ei – einander wie ein Ei dem anderen gleichen 113
Ei – etwas ist das Ei des Kolumbus 114
Ei – wie ein rohes Ei behandeln, Eiertanz veranstalten 113
Eier – über ungelegte Eier reden....................................... 113
Eierkuchen – Friede, Freude, Eierkuchen! 109
Eis – Wenn dem Esel zu wohl wird, geht er aufs Eis............ 51
Eisbein 52
Eisen – mehrere Eisen im Feuer haben 43
Eisenbahn – Es ist allerhöchste Eisenbahn! 135
Esel – Wenn dem Esel zu wohl wird, geht er aufs Eis........... 51
Eulen – Eulen nach Athen tragen 80
Ewig – ewig und drei Tage.. 144
F – Schema F.. 157
Faden – da beißt die Maus keinen Faden ab (a) 86

Faden – da beißt die Maus keinen Faden ab (b) 143
Faden – den Faden verlieren, der rote Faden 143
Federfuchser – ein Federfuchser sein 82
Federlesen – nicht viel Federlesens machen........................ 82
Federn – sich mit fremden Federn schmücken 81
Fettnäpfchen – ins Fettnäpfchen treten 12
Feuer – für jemanden die Hand ins Feuer legen 43
Feuer – für jemanden durchs Feuer gehen 43
Feuer – mehrere Eisen im Feuer haben 43
Feuerprobe – eine Feuerprobe bestehen 43
Feuerwasser 128
FF – etwas aus dem ff können... 157
Fiasko – etwas ist ein Fiasko.. 150
Fisch – weder Fisch noch Fleisch sein 109
Fisimatenten – Fisimatenten machen 151
Flagge – F. zeigen, unter falscher/fremder F. segeln 139
Fleisch – weder Fisch noch Fleisch sein.............................. 109
Fliegen – in der Not frisst der Teufel Fliegen 78
Floskel 11
Flott – etwas wieder flott machen 138
Frech – frech wie Oskar sein 70
Friede, Freude, Eierkuchen! 110
Friedenspfeife – die Friedenspfeife rauchen....................... 127
Fuchsteufelswild werden 78
Fuß – etwas hat Hand und Fuß... 37
Fuß – mit dem falschen Fuß aufgestanden sein................... 38
Gardinenpredigt – eine Gardinenpredigt halten.................. 119
Gärtner – den Bock zum Gärtner machen........................... 95
Gelegenheit – eine günstige G. beim Schopfe packen 27
Glatteis – sich aufs G. begeben, jemanden aufs G. führen 51
Glückspilz – ein Glückspilz sein.. 16
Glücksstern – etwas steht unter einem Glücksstern............. 64
Gold – Gold in der Kehle haben 20
Gold – Morgenstund' hat Gold im Mund 20
Golden – sich eine goldene Nase verdienen 20

Goldwaage – seine Worte auf die Goldwaage legen 12

Gras – das Gras wachsen hören 55

Gras – Gras über etwas wachsen lassen 55

Gras – ins Gras beißen... 55

Gretchenfrage – die Gretchenfrage stellen........................ 71

Groschen – der Groschen ist gefallen 18

Grün – alles im grünen Bereich, grünes Licht geben 53

Grün – auf keinen grünen Zweig kommen 53

Grün – etwas am grünen Tisch entscheiden 122

Grün – jemandem nicht grün sein............................... 52

Grün – jemanden über den grünen Klee loben 53

Grün – komm an meine grüne Seite 52

Grün – noch grün hinter den Ohren sein 53

Grünschnabel – ein Grünschnabel sein 53

Guten Rutsch (ins neue Jahr)! 146

Haare – Haare auf den Zähnen haben............................ 29

Hals – jemandem steht das Wasser bis zum Halse 44

Hand – etwas hat Hand und Fuß 37

Hand – für jemanden die Hand ins Feuer legen 43

Hände – zwei linke Hände haben 39

Hansdampf in allen Gassen 66

Hase – Mein Name ist Hase, ich weiß von nichts. 99

Hase – wissen, wie der Hase läuft, ein alter Hase sein 98

Hase – wissen, wo der Hase im Pfeffer liegt 98

Haussegen – der Haussegen hängt schief 118

Hechtsuppe – es zieht wie Hechtsuppe 108

Heller – auf Heller und Pfennig genau zahlen 18

Hempel – Hier sieht es aus wie bei Hempels unterm Sofa!...... 120

Herz – aus seinem Herzen keine Mördergrube machen 35

Himmel – im siebenten Himmel sein 161

Hinz und Kunz.. 66

Hof – jemandem den Hof machen 14

Höhle – sich in die Höhle des Löwen wagen 85

Holz vor der Hütte haben 57

Holzweg – auf dem Holzweg sein................................ 56

Hornberg – etwas geht aus wie das Hornberger Schießen 130
Hund – auf den Hund gekommen, vor die Hunde gehen 90
Hut – etwas ist ein alter Hut.. 122
Hut – seinen Hut nehmen 122
Hut – sich etwas an den Hut stecken, mit etwas nichts am Hut
    haben, Gegensätze unter einen Hut bringen 123
Hut – vor jemandem den Hut ziehen, Hut ab! 123
In vino veritas 115
Indianer – ein Indianer kennt keinen Schmerz..................... 128
Jakob – etwas ist nicht der wahre Jakob 72
Jubeljahr – etwas passiert nur alle Jubeljahre 147
Kaiser – um des Kaisers Bart streiten 28
Kamellen – Das sind olle/alte Kamellen! 108
Kamerad Schnürschuh.. 125
Kater – einen Kater haben... 88
Katze – die K. im Sack kaufen bzw. aus dem Sack lassen 89
Katze – etwas geht ab wie Schmidts Katze............................ 87
Katze – Wenn die Katze aus dem Haus ist, tanzen die Mäuse auf
    dem Tisch.. 87
Katze – wie die Katze um den heißen Brei herumschleichen. 87
Katzen – in der Nacht sind alle Katzen grau 89
Katzenjammer 88
Katzenmusik 88
Katzensprung – nur einen Katzensprung entfernt sein 88
Katzentisch – am Katzentisch sitzen....................................... 87
Katzenwäsche 89
Kauderwelsch reden... 149
Kauz – ein komischer Kauz sein... 80
Kehle – Gold in der Kehle haben 20
Kerbholz – etwas auf dem Kerbholz haben............................ 159
Kieker – jemanden auf dem Kieker haben 140
Kielholen – jemanden kielholen 139
Kinkerlitzchen.. 150
Kirschen – mit jemandem ist nicht gut Kirschen essen 111
Klee – jemanden über den grünen Klee loben 53

Kloßbrühe – etwas ist klar wie Kloßbrühe............................ 13
Kodderschnauze 149
Kohldampf schieben.. 154
Kolumbus – etwas ist das Ei des Kolumbus 114
Kopf – den Kopf in den Sand stecken 33
Kopf – den Nagel auf den Kopf treffen.............................. 39
Kopf – ein Brett vor dem Kopf haben 33
Köpfe – Nägel mit Köpfen machen................................... 39
Korn – von echtem Schrot und Korn sein 19
Krethi und Plethi.. 65
Kriegsbeil – das Kriegsbeil begraben 127
Küche – in Teufels Küche kommen 77
Küchenmeister – Schmalhans ist Küchenmeister.................... 66
Kuhhaut – Das geht auf keine Kuhhaut!............................. 160
Kulissen – hinter die Kulissen schauen............................. 129
Lackaffe 101
Lampe – Meister Lampe... 97
Langes Fädchen, faules Mädchen 142
Lauffeuer – etwas verbreitet sich wie ein Lauffeuer............... 42
Laus – jemandem ist eine Laus über die Leber gelaufen........ 36
Lausen – Ich glaub, mich laust der Affe! 101
Lebensfaden 142
Leber – jemandem ist eine Laus über die Leber gelaufen...... 36
Leberwurst – beleidigte Leberwurst 36
Leier – immer wieder die alte Leier, etwas herunterleiern.. 133
Leim – jemandem auf den Leim gehen 16
Leisten – Schuster, bleib bei deinen Leisten! 22
Liebe – Alte Liebe rostet nicht! 104
Liebe – etwas mit dem Mantel der Liebe zudecken............. 103
Liebe – Liebe geht durch den Magen. 104
Liebe – Liebe macht blind.. 103
Links – etwas mit links machen 39
Links – zwei linke Hände haben.................................... 38
Löffel – die Weisheit mit Löffeln gefressen haben............... 111
Löwe – sich in die Höhle des Löwen wagen 85

Löwenanteil – den Löwenanteil für sich beanspruchen........ 84
Magen – Liebe geht durch den Magen. 104
Mallig – mallig werden, jemanden mallig machen.............. 138
Mantel – etwas mit dem Mantel der Liebe zudecken......... 103
Maulaffen feilhalten.. 100
Maus – da beißt die Maus keinen Faden ab (a) 86
Maus – da beißt die Maus keinen Faden ab (b) 143
Mäuse – Wenn die Katze aus dem Haus ist, tanzen die Mäuse
    auf dem Tisch. 87
Meister Lampe 97
Methusalem – alt wie Methusalem sein 68
Minna – jemanden zur Minna machen 71
Mohikaner – der letzte Mohikaner 127
Mond – den Mond anbellen... 62
Mond – hinter dem Mond leben 63
Mond – jemanden auf den Mond schießen 63
Mondkalb – ein Mondkalb sein 63
Montag – blauer Montag 25
Moos – Moos ansetzen, Moos haben 55
Mördergrube – aus seinem Herzen keine M. machen 35
Morgenstund' hat Gold im Mund 20
Mühle – das ist Wasser auf seiner Mühle 45
Nagel – den Nagel auf den Kopf treffen 39
Nagel – etwas an den Nagel hängen 39
Nägel – etwas brennt einem auf oder unter den Nägeln....... 41
Nägel – Nägel mit Köpfen machen 39
Nagelprobe – eine Nagelprobe machen............................ 40
Name – Mein Name ist Hase, ich weiß von nichts. 99
Nase – sich eine goldene Nase verdienen......................... 20
Nimmerlein – bis zum Sankt Nimmerleinstag warten.......... 145
O – etwas ist das A und O... 156
Oberwasser haben 45
Ohren – noch grün hinter den Ohren sein 53
Olim – zu Olims Zeiten 148
Oskar – frech wie Oskar sein 70

Otto Normalverbraucher 67
Pantoffel – unter dem P. stehen, ein Pantoffelheld sein 124
Pappenheimer – seine Pappenheimer kennen 67
Pappenstiel – etwas ist ein Pappenstiel für jemanden................ 54
Partylöwe 83
Patsche – in der Patsche sitzen 49
Pauken – mit Pauken und Trompeten.................................. 134
Pechvogel – ein Pechvogel sein.. 16
Petto – etwas in petto haben... 150
Pfeffer – eine gepfefferte Rechnung, wo der P. wächst....... 108
Pfeffer – wissen, wo der Hase im Pfeffer liegt 98
Pfennig – auf Heller und Pfennig genau zahlen 18
Piepen – Bei dir piept's wohl!... 79
Polizei – dümmer sein, als die Polizei erlaubt 14
Räson – jemanden zur Räson bringen 150
Rechnung – eine gepfefferte Rechnung............................... 108
Regen – vom Regen in die Traufe kommen 48
Rosarot – etwas durch die rosarote Brille betrachten 103
Rot – der rote Faden 143
Rutsch – Guten Rutsch (ins neue Jahr)!.............................. 146
Sack – die Katze im Sack kaufen bzw. aus dem Sack lassen ... 89
Salonlöwe 84
Sand – den Kopf in den Sand stecken 33
Saufen – Der säuft wie ein Bürstenbinder! 23
Schema – Schema F.. 157
Scherflein – sein Scherflein zu etwas beitragen 18
Schießen – etwas geht aus wie das Hornberger Schießen 130
Schlamassel 50
Schläuche – alter Wein in neuen Schläuchen....................... 116
Schmalhans ist Küchenmeister.. 66
Schmerz – ein Indianer kennt keinen Schmerz 128
Schmidt – etwas geht ab wie Schmidts Katze 87
Schneekönig – jemand freut sich wie ein Schneekönig.......... 50
Schneider – aus dem Schneider sein 21
Schnürschuh – Kamerad Schnürschuh 125

Scholli – Mein lieber Scholli! 70

Schopf –günstige Gelegenheiten beim Schopfe packen 27

Schrot – von echtem Schrot und Korn sein 19

Schuh – wissen/sagen, wo der Schuh drückt 126

Schuhe – jemandem die Schuld in die Schuhe schieben 125

Schuster – Schuster, bleib bei deinen Leisten! 22

Schwebe – etwas ist in der Schwebe 121

Schweigen – das Schweigen im Walde 58

Schwein – das kann kein Schwein lesen 94

Schwein – kein Schwein ruft mich an 92

Schwein gehabt 93

Seemannsgarn spinnen 141

Segel – die Segel streichen 140

Sieben – eine böse Sieben sein 164

Sieben – etwas ist ein Buch mit sieben Siegeln.................... 162

Sieben – im siebenten Himmel sein 161

Siebensachen – seine Siebensachen zusammenpacken 163

Siegel – etwas ist ein Buch mit sieben Siegeln 162

Sisyphusarbeit leisten.. 74

Sofa – Hier sieht es aus wie bei Hempels unterm Sofa! 120

Splitterfasernackt sein.. 57

St. Nimmerlein – bis zum Sankt Nimmerleinstag warten..... 145

Stein – bei jemandem einen Stein im Brett haben................ 61

Stein – den ersten Stein werfen 59

Stein – Stein und Bein schwören 60

Stein – über Stock und Stein gehen 60

Stein der Weisen 59

Stein des Anstoßes 59

Steinalt sein 58

Steinreich sein 58

Stern – jemandes Stern geht auf bzw. sinkt......................... 64

Stern – von einem anderen Stern sein 63

Sterne – das steht in den Sternen 64

Sterne – nach den St. greifen, die St. vom Himmel holen...... 62

Stiefel – einen Stiefel vertragen können 125

Stock – über Stock und Stein gehen 60
Strohdumm sein 110
Sündenbock – jemanden zum Sündenbock machen............. 96
Tabula rasa machen 14
Tantalosqualen leiden 75
Tapet – etwas aufs Tapet bringen 122
Teller – auf dem Teller drehen 138
Teufel – den Teufel an die Wand malen............................. 77
Teufel – den Teufel mit dem Beelzebub austreiben 78
Teufel – in der Not frisst der Teufel Fliegen 78
Teufel – in Teufels Küche kommen 77
Teufel – scher dich zum Teufel 77
Teufel – wenn man vom Teufel spricht............................... 77
Theater – Theater machen, Theater spielen 128
Tisch – etwas am grünen Tisch entscheiden 122
Tischtuch – zwischen zwei Menschen das T. zerschneiden . 120
Toast – einen Toast ausbringen 109
Tollpatsch – ein Tollpatsch bzw. tollpatschig sein................ 50
Tomate – eine treulose Tomate sein.................................. 109
Traufe – vom Regen in die Traufe kommen 48
Trompeten – mit Pauken und Trompeten............................ 134
Tuten – von Tuten und Blasen keine Ahnung haben 134
U – jemandem ein X für ein U vormachen 158
Unglücksrabe – ein Unglücksrabe sein............................... 16
Unstern – etwas steht unter einem Unstern........................ 64
Veräppeln – jemanden veräppeln 113
Verbocken – etwas verbocken 95
Vergeigen – etwas vergeigen 133
Versenkung – in der Versenkung verschwinden 129
Vogel – jemand hat einen Vogel, ein schräger Vogel sein 80
Wald – das Schweigen im Walde 58
Wald – den Wald vor lauter Bäumen nicht sehen 58
Wand – den Teufel an die Wand malen............................... 77
Was Hänschen nicht lernt, lernt Hans nimmermehr.............. 66
Wasser – das ist Wasser auf seiner Mühle.......................... 45

Wasser – jemandem nicht das Wasser reichen können 45
Wasser – jemandem steht das Wasser bis zum Halse 44
Wasser – jemandem Wasser in den Wein gießen 116
Wasser – mit allen Wassern gewaschen sein 44
Wein – alter Wein in neuen Schläuchen 116
Wein – im Wein liegt die Wahrheit. 115
Wein – jemandem reinen Wein einschenken 116
Wein – jemandem Wasser in den Wein gießen 116
Wein, Weib und Gesang 117
Weisheit – die Weisheit mit Löffeln gefressen haben 111
Welt – nicht von dieser Welt sein 63
Wer den Pfennig nicht ehrt, ist des Talers nicht wert! 17
Wilhelm – den dicken Wilhelm markieren 69
Wunder – ein blaues Wunder erleben 25
X – jemandem ein X für ein U vormachen 158
Zähne – Haare auf den Zähnen haben 29
Zampano – den großen Zampano raushängen lassen 69
Zankapfel 112
Zopf – einen alten Zopf bzw. alte Zöpfe abschneiden 29
Zucker – seinem Affen Zucker geben 101
Züge – das Leben in vollen Zügen genießen 135
Zweig – auf keinen grünen Zweig kommen 53

Bilder

Größer und in Farbe können Sie alle Illustrationen aus diesem Buch auf meiner Website www.dr-michaela-mundt.de sehen.

Die Redensarten-Galerie ›Appetithäppchen‹ (http://www.dr-micha-ela-mundt.de/specials-ab-2019/redensarten-appetithaeppchen) wurde extra für Sie eingerichtet!

Quellen

Print

Duden 7 / Das Herkunftswörterbuch. Etymologie der deutschen Spra-
che (Mannheim 1963)
Duden Redensarten. Herkunft und Bedeutung (2. Aufl. Mannheim
2007)
Krämer, Walter und Sauer, Wolfgang: Lexikon der populären Sprachirr-
tümer. Missverständnisse, Denkfehler und Vorurteile von Altbier
bis Zyniker (3. Aufl. München 2007)
Krüger-Lorenzen, Kurt: Das geht auf keine Kuhhaut. Deutsche Redens-
arten – und was dahinter steckt (9. Aufl. Bergisch Gladbach 1980)
Pruys, Karl Hugo: Bis in die Puppen. Die 100 populärsten Redensarten
(Berlin-Brandenburg 2008)
Wörterbuch der deutschen Volkskunde (3. Aufl. Stuttgart 1974)
Wörterbuch der Symbolik (2. Aufl. Stuttgart 1983)

Internet

http://de.wikipedia.org/wiki/Portal:Sprache/Liste_der_Redensarten
http://www.redensarten-index.de/
http://www.mahnert-online.de/redewendungen.html
http://www.geo.de/GEOlino/mensch/redewendungen
http://staff-www.uni-marburg.de/~naeser/ra-mat.htm

... sowie zahlreiche weitere Quellen zu den einzelnen Themen, die vollständig zu benennen hier ins Uferlose führen würde.